D1366687

Qué hacer para desarrollar la autoestima en los niños de 6 a 12 años

Libro anteriormente publicado con el título
*Escuela para padres
Cómo desarrollar la autoestima
en los niños de 6 a 12 años*

Danielle Laporte
Lise Sévigny

Qué hacer para desarrollar la autoestima en los niños de 6 a 12 años

México ♦ Miami ♦ Buenos Aires

Título original: *Favoriser l'estime de soi de 6-12 ans*
© Hôpital Sainte-Justine, 2002

Qué hacer para desarrollar la autoestima en los niños de 6 a 12 años
© Danielle Laporte y Lise Sévigny, 2010

Quarzo

D. R. © Editorial Lectorum, S. A. de C. V., 2010
Batalla de Casa Blanca Manzana 147 Lote 1621
Col. Leyes de Reforma, 3a. Sección
C. P. 09310, México, D. F.
Tel. 5581 3202
www.lectorum.com.mx
ventas@lectorum.com.mx

L. D. Books, Inc.
Miami, Florida
ldbooks@ldbooks.com

Primera reimpresión: abril de 2012
ISBN: XXX-XXX-XXX-XXX-X

D. R. © Traducción: Marcela Cortázar
D. R. © Portada: Lucero Elizabeth Vázquez Téllez

Impreso y encuadernado en México.
Printed and bound in Mexico.

ÍNDICE

INTRODUCCIÓN......9

CAPÍTULO I. CONOCER Y RECONOCER A SU HIJO.......15
Tengo expectativas realistas de mi hijo
Destaco las cualidades de mi hijo
Acepto los límites de mi hijo y lo ayudo
a identificar sus obstáculos
Conozco las necesidades de mi hijo
y las satisfago de la mejor forma posible
Escucho a mi hijo y me esfuerzo por comprenderlo

CAPÍTULO II. TRATAR A SU HIJO CON
CONSIDERACIÓN Y RESPETO......31
Me respeto y respeto a mi hijo
Reconozco los derechos de mi hijo
Doy seguridad a mi hijo
Pongo límites a mi hijo
Trato a mi hijo con consideración

CAPÍTULO III. INTEGRAR A SU HIJO A LA FAMILIA,
A UN GRUPO Y A LA SOCIEDAD......51
Mi hijo tiene relaciones familiares sólidas
Ayudo a mi hijo a integrarse a un grupo
Ayudo a mi hijo a ser generoso

Capítulo IV. Haga que su hijo tenga éxitos...... 67

Procuro la independencia de mi hijo
Independencia
Animo a mi hijo a superar retos
Destaco los progresos de mi hijo
Estimulo los talentos de mi hijo
Protejo el orgullo de mi hijo
Ayudo a mi hijo a ver el futuro con optimismo

Conclusión..91

Anexo
La autoestima de nuestros hijos.........................95

Introducción

Hoy en día hay cierto interés por la autoestima, sin duda se debe a que la sociedad de consumo genera cada vez productos más ligados al "tener", que al "ser". Cualquiera que sea la causa exacta de esta situación, demuestra que cada día cuestionamos más nuestra identidad.

En nuestra época, la autoestima parece poco importante, por ello la mayoría de los padres no buscan información sobre la psicología infantil ni sobre la educación y, por supuesto, no participan en debates sobre estos temas. Sin embargo, manifiestan un deseo real de vivir en armonía con los niños, y es notorio que la información y los grupos de interés se multiplican; entonces, ¿qué falta?

En las últimas décadas, hemos hecho una gran "limpieza" de conceptos que desechamos sin más miramientos. La reflexión actual, que ya no está basada en los llamados viejos cánones, llega apenas a la vida real. La ausencia de medios prácticos nos impide integrar nuevas formas de pensar. Precisamente, este libro tiene el objetivo de pasar de las ideas a las acciones, y de ayudarnos a edificar la autoestima de nuestros hijos. También pretende que trabajemos y consolidemos la propia, lo cual traerá beneficios innegables para todos.

Cada persona tiene una imagen de sí misma, cada quien se forja una idea de quién es. Esta imagen que se constituye a lo largo del tiempo no es la misma para todos. Un bebé, por ejemplo, aprende a conocer su cuerpo gracias a las caricias, los besos y el calor de la relación con sus padres o su niñera. Protegido, alimentado y querido, se siente bien consigo mismo y confía en las capacidades de asumir su cuerpo y habitarlo plenamente. Las emociones positivas y negativas se unen a estas experiencias físicas.

Hacia los 18 meses, el niño entra en un periodo nuevo de su vida. Se mueve, explora y de pronto se detiene, pero en adelante querrá decidir, elegir y afirmarse. "Yo puedo", dirá a los dos años, cuando su lenguaje comience a ser claro. Reclamará su autonomía, y su autoestima se basará en la capacidad que sus padres tengan para reconocerlo como una persona diferente. La manera de aplicar la disciplina, de escucharlo y de estimularlo le da una imagen un poco más compleja de sí mismo: "soy guapo", "soy bonita", "soy un niño", "soy una niña", "puedo actuar yo solo."

Entre los tres y los cuatro años, su mundo imaginario se vuelve más amplio. Las imágenes y las palabras se mezclan en su cabeza; entonces aparecen los miedos y las estrategias de seducción y manipulación. El niño quiere ser reconocido en su identidad sexual, es decir, quiere estar cerca de su padre, si es una niña, o de su madre, si es un niño. Fantasea, reinventa la vida en sus juegos y dibujos; lo hace de una manera egocéntrica porque no puede concentrarse en dos cosas al mismo tiempo. Como necesita ser valorado y reconocido, este periodo es crucial en su autoestima. Las palabras y los gestos de aceptación y de complicidad de sus padres tienen una influencia inmediata en él.

Ir a la escuela constituye otra etapa. Entre los 4 y los 6 años, nuevas estructuras mentales llevan a que el niño reflexione, haga juicios, comprenda las reglas de los juegos, coopere y desee aprender cosas nuevas. La edad escolar marca una etapa muy importante. La idea que tiene de su físico y su interior se enriquece con su imagen intelectual. Las exigencias de los padres, de la escuela y de la sociedad penetran en la autoestima de los niños. Éstas van desde las presiones por obtener las mejores calificaciones en la escuela, hasta la falta o exceso de estímulos. Cada vez más personas harán juicios sobre el pequeño: padres, amigos, profesores, pueden herirlo y, a la larga, terminar con su imagen positiva. Los gestos violentos o la negligencia afectan mucho la autoestima de los niños.

El periodo siguiente, de los 6 a los 12 años, es capital en el desarrollo de la autoestima. Muchas investigaciones demuestran que en la autoestima está la raíz de la prevención de problemas como el aislamiento, dificultades de aprendizaje, delincuencia, drogadicción, alcoholismo y suicidio.

No hay una fórmula mágica que asegure que un niño tendrá una buena autoestima a lo largo de su vida. Es normal que un niño tienda a devaluarse tras un fracaso, después de ser víctima de sarcasmos o de haber recibido algún regaño; sin embargo, los padres deben ser como el faro en medio de una tormenta o, aún mejor, la guía que indica al niño hacia qué puerto debe dirigirse; deben procurar ser un modelo para él. Si un padre se da por vencido ante algún obstáculo, no sirve de nada que diga a su hijo: "Sé que lo lograrás si encuentras el camino correcto".

Tener una buena autoestima no significa ser gracioso, más bien es tener conciencia de nuestros puntos débiles y fuertes, y aceptar lo que uno tiene de particular. Esto implica tomar responsabilidades, afirmarse y saber responder a nuestras necesidades, tener metas y hacer lo necesario para llegar a ellas. Tener una buena autoestima es respetarse y tener consideración por los demás.

Cuando los padres trabajan para desarrollar la autoestima de sus hijos, tienen el proyecto educativo de actualizar lo mejor que hay en ellos. ¿Podemos imaginar qué será el mundo mañana si nuestros hijos, convertidos ya en adultos, conducen su vida respetándose a ellos mismos y a los otros, teniendo en cuenta que naturaleza y humanidad son un todo indivisible al que hay que proteger?

Naturalmente, usted desea que su hijo esté contento consigo mismo, que se sienta satisfecho de sí y que se realice en la vida.

La formación de una identidad sólida inicia en el nacimiento y continúa a lo largo del desarrollo del niño. Éste aprende a conocerse bajo la mirada que usted tenga sobre él. Un niño es muy sensible a las reacciones y actitudes que recibe.

Uno tiene expectativas y mantiene sueños que desea ver realizados en su hijo. No hay duda de que él interioriza estas expectativas, y entre más siente que las corresponde, más se siente querido y con capacidad de querer a los demás. Esto influye directamente en su autoestima. Cuando se da cuenta de que es quien le satisface y da placer, se siente feliz y orgulloso de sí mismo. Si no, se devalúa porque no se siente capaz de cumplir lo que usted espera de él.

Es muy importante que sus expectativas sean realistas y que correspondan a lo que su hijo es realmente, pues debe ser considerado como una persona única e importante, un ser aparte. Necesita sentir que usted lo escucha, que lo reconoce y que lo acepta. Desde el nacimiento, el niño muestra rasgos de su propio temperamento y manifiesta necesidades que deben ser satisfechas. Cuando crece, este proceso se afirma y se realiza por etapas. Si usted lo asume positivamente, si escucha y acompaña a su hijo durante la caminata, le transmitirá un sentimiento irremplazable de valor personal.

Como padre, uno aprende cada día a conocer las capacidades y límites de un hijo, los cuidados que uno le prodiga durante una conversación, los juegos que comparten, y la observación que uno hace de sus actitudes y comportamiento.

Tengo expectativas realistas de mi hijo

Todos los padres esperan cosas particulares de sus hijos, si esto no fuera así, los niños no podrían proyectarse hacia el futuro ni tener metas en la vida. Las expectativas de los adultos son producto de su educación, su deseo de reparación y sus aspiraciones secretas, lo importante es ser capaces de distinguir entre el sueño y la realidad.

Tómese el tiempo de regresar a la época en que su hijo aún estaba en el vientre, ¿qué soñaba para él?, ¿cómo lo imaginaba?, ¿cómo lo ve ahora si lo compara con aquellos sueños?, ¿qué espera ahora de él?; todas estas preguntas le ayudarán a vivir la realidad con su hijo.

¿Qué es lo más importante?

Seguramente usted piensa qué será de su hijo dentro de veinte años. De acuerdo con el siguiente listado, defina qué es más importante en cada uno de los ámbitos.

EN EL ÁMBITO AFECTIVO
- Sentirse bien consigo mismo.
- Tener lazos significativos.
- Ser independiente.
- Afirmarse a sí mismo.
- Tener una vida amorosa plena.
- Ser generoso.
- Tener una buena personalidad.

EN EL ÁMBITO SOCIAL
- Tener una buena base económica.
- Ser popular.
- Tener una posición prestigiada.
- Ser reconocido por sus colegas.
- Tener una amplia conciencia social.
- Tener liderazgo.
- Tener una vida social activa.

EN EL ÁMBITO INTELECTUAL

- Terminar una carrera.
- Tener un buen raciocinio.
- Ser creativo.
- Tener un espíritu vivaz.
- Tener estudios de posgrado.
- Ser curioso.
- Tener un buen rendimiento laboral.

EN EL ÁMBITO FÍSICO

- Practicar algún deporte.
- Llevar una vida sana.
- Tener buena salud.
- Cuidar la apariencia física.
- Tener habilidad manual.
- Tener la capacidad de compensar los límites físicos propios.

EN EL ÁMBITO MORAL

- Ser íntegro.
- Ser franco.
- Ser honesto.
- Respetar a los demás.
- Ser generoso.
- Estar abierto a la espiritualidad.
- Ser justo.

LAS HABILIDADES DE MI HIJO

De acuerdo con el listado siguiente, clasifique las habilidades o puntos fuertes de su hijo.

HABILIDADES FÍSICAS
- En los deportes.
- En las artes plásticas.
- En trabajos manuales.
- En tareas cotidianas.

HABILIDADES INTELECTUALES
- Curiosidad.
- Capacidad de razonamiento.
- Buen juicio.
- Capacidad de abstracción.
- Buena memoria.
- Capacidad de análisis.

HABILIDADES CREATIVAS
- Capacidad de usar su imaginación.
- Capacidad de ser original.
- Capacidad de fantasear.
- Capacidad de invención.

HABILIDADES SOCIALES
- Facilidad para hacer amigos.
- Capacidad de afirmarse.
- Capacidad de compartir.
- Capacidad de asumir compromisos.
- Saber perder.

Los padres deben tener sueños para sus hijos. Los niños tienen el sentimiento de que uno cree en ellos y esto les lleva a desear superarse. Sin embargo, los sueños deben estar apegados a la realidad. Así, un niño poco ágil se despreciará a sí mismo si sus padres tienen el sueño de que se convierta en un gran atleta.

Destaco las cualidades de mi hijo

Una buena forma de aprender a subrayar las cualidades del niño es imaginando la situación siguiente: usted habla de su hijo con una persona que considera importante. ¿Cómo lo describe? ¿A qué aspectos les da mayor importancia? ¿Entre sus cualidades, cuáles destaca?

Acepto los límites de mi hijo y lo ayudo a identificar sus obstáculos

Se llama "límite" a algo imposible de pasar, algo que debe ser necesariamente aceptado. Por ejemplo: un niño discapacitado no puede caminar, uno de 4 años no puede tener pensamientos abstractos. Si su hijo tiene límites, hay que aceptarlos para ayudarlo a que él mismo los acepte.

Llamamos "obstáculo" a algo que impide que el niño progrese. Notemos que todos los obstáculos pueden ser superados y que ninguno es completamente infranqueable. Por ejemplo, un niño hiperactivo puede aprender a concentrarse, aunque esto le haga esforzarse más que los otros niños. Por otra parte, un niño inquieto puede aprender a hablar en público. Los padres deben aceptar los obstáculos y límites del niño, y ayudarlo a que los acepte también.

Es muy importante tener en cuenta que se puede desarrollar una buena autoestima a pesar de que los límites existan, pero para ello hay que aceptarlos. Sucede lo mismo en el caso de los obstáculos: si se trabaja para aminorarlos, la autoestima subirá.

Los obstáculos de mi hijo

De acuerdo con el listado siguiente, identifique los obstáculos que su hijo encuentra.

EN EL PLANO FÍSICO
- Lentitud.
- Poca agilidad en los deportes.
- Hiperactividad.
- Discapacidad física (visual, motriz, auditiva).
- Tropiezos frecuentes.
- Excitabilidad.
- Dificultad para dibujar.

EN EL PLANO AFECTIVO
- Tristeza.
- Tendencia a acaparar la atención.
- Ansiedad.
- Falta de confianza.
- Miedos.
- Tendencia a ser colérico.
- Hipersensibilidad.

EN EL PLANO SOCIAL
- Aislamiento.
- Provocación.
- Rechazo de grupo.
- Tendencia a ser el chivo expiatorio.
- Control excesivo.

- Tendencia a ser influen
- Agresividad.

EN EL PLANO INTELECTUAL
- Lentitud.
- Tendencia a estar dist
- Poca memoria.
- Poca capacidad de síntesis.
- Problemas de aprendizaje.
- Dificultad para hacer un razonamiento secuencial.
- Motivación escolar insuficiente.

Conozco las necesidades de mi hijo y las satisfago de la mejor forma posible

Comer, beber y dormir son las necesidades esenciales que usted debe satisfacer para asegurar el crecimiento de su hijo. La seguridad y el amor son también indispensables para su desarrollo pleno y conservación de la salud. Otras necesidades se añaden a lo largo de su desarrollo, como las de pertenencia, de estimulación intelectual y de realización de sí. Es necesario responder de la mejor manera posible a todas estas necesidades.

Aquí presentamos una especie de jerarquización de necesidades: las primarias están ligadas a las exigencias del desarrollo: alimentación, seguridad, amor y estimulación. Las secundarias exigencias sociales: jugar, convivir con niños, hacer actividades placenteras. También hay toda una gama de necesidades falsas que han sido creadas de manera artificial para responder al provecho de muchos comerciantes: tener ropa de marca, comer cereales de un tipo particular, tener el videojuego más reciente, etcétera.

Escucho a mi hijo y me esfuerzo por comprenderlo

Su hijo tiene gustos (en alimentos, ropa, actividades, programas de televisión, etcétera), deseos, sueños, sentimientos y una imagen corporal de sí mismo.

En lo que concierne a los sentimientos, es importante que usted tenga el hábito de buscarlos dentro de su hijo para enseñarle a expresarlos. Una buena forma de hacerlo es la de ser el reflejo de lo que él siente. Puede decirle, por ejemplo: "Estás muy enojado, según veo"; "me doy cuenta de que estás triste porque perdiste un amigo"; "es cierto que es difícil hablar delante de toda la clase"; "es irritante para ti jugar con muchos niños a la vez".

Existe otro medio eficaz para ayudarlo a expresar sus sentimientos. Se trata de echar a andar juegos simbólicos (de representación, de marionetas o títeres) y artísticos (dibujo, escultura de masa, manualidades). Cuando pueda, participe en estos juegos, pero tenga cuidado con sus juicios estéticos, morales o de otro tipo, y no dirija el juego.

Por su parte, la imagen del cuerpo tiene una influencia directa sobre la autoestima. En general, los preadolescentes están muy interesados en su apariencia física, y sus proporciones están muy influidas por los criterios de belleza establecidos por la sociedad. Las niñas se preocupan mucho por la esbeltez, y los niños por la estatura.

Como padres, es importante tomar conciencia de nuestra forma de hablar y de juzgar la apariencia física o la figura de nuestro hijo porque influye mucho en su forma de construir su imagen corporal.

Ayude a su hijo a tener una percepción realista de sí mismo y a aceptar sus diferencias. Estimúlelo a salir, y procure actividades externas; la pasividad conlleva frecuentemente el consumo alto de alimentos.

Muestro a mi hijo que lo amo y lo aprecio

Debería tomarse el tiempo para hacer saber a su hijo que es muy importante para usted. Hay tantas formas de manifestar amor como tipos de personas: físicamente (besar, acariciar, mimar);

activamente (preparar una comida especial, llevarlo en hombros, jugar); intelectualmente (felicitar, hablar de sus logros, estimulación verbal); generosamente (dar regalos, dinero, sorpresas). Piense qué tipo de padre es usted.

Su hijo necesita que le manifieste concretamente su afecto. Para ello, usted puede actuar de distintas formas, lo importante es que su hijo reconozca sus manifestaciones amorosas. Esto sucederá fácilmente si usted pasa *tiempo de calidad* con él.

Un médico estadounidense, el doctor Russel A. Barkley, invita a los padres que quieren vivir tiempo de calidad con su hijo a seguir las siguientes nueve etapas:

1. Establezca dos o tres periodos de 20 minutos para pasarlos con su hijo cada semana. Éstos se volverán momentos privilegiados para él.
2. Estos lapsos deben estar consagrados exclusivamente a su hijo.
3. Cuando llegue el momento elegido, dígale: "Este es todo nuestro tiempo. ¿Qué quieres hacer? La única actividad prohibida es ver la televisión".
4. Cuando el niño comience a jugar, relájese. Mírelo durante algunos minutos y espere el momento oportuno para entrar en el juego.
5. Describa en voz alta lo que su hijo vaya a hacer.

6. No pregunte ni dé órdenes.
7. En algún momento, felicítelo o hágale algún comentario positivo. Diga, por ejemplo: "me gusta mucho jugar contigo, disfruto mucho el tiempo que pasamos juntos".
8. Si su hijo comienza a hacer cosas sin sentido, deje de mirarlo por algunos minutos.
9. Integre a su rutina familiar esos momentos especiales que pasa con su hijo.*

Usted debe saber que...

- Será más sensible ante lo que piensa y siente su hijo si logra ponerse en sus zapatos.
- Es muy importante para su hijo ser tomado en serio.
- Las marcas de amor que deja en su hijo son una forma tangible de expresarle su aprecio y de desarrollar su amor propio.
- Su hijo percibirá rápidamente una actitud positiva.
- Los niños con padres que tienen una imagen negativa de sí mismos presentan más dificultades para percibirse positivamente.

* Texto traducido y adaptado de Barkley, Russell A., *Defiant Children: Parent-Teacher Assignmments*. Nueva York, The Gilford Press, 1987, p. 37.

- Aceptar a su hijo tal y como es significa tratarlo con dignidad.
- Los niños de 6 a 12 años dan mucha importancia a su apariencia física, son muy sensibles a la atracción que suscitan y a la apreciación de los demás.
- La manera en que su hijo se percibe y se evalúa influye en sus actos.
- Tener una autoestima positiva es ser capaz de aceptar los propios límites y equivocaciones.
- La opinión que su hijo tiene de sí mismo influye mucho en su propensión a superarse y ser feliz en la vida.

De acuerdo con investigaciones de la Universidad de Illinois en los Estados Unidos, la adulación y las felicitaciones gratuitas desarrollan el narcisismo, en tanto que la apreciación sincera y la retroalimentación justa y positiva consolidan la autoestima.

 ¿Tiene buenas actitudes con su hijo? Verifíquelo respondiendo las siguientes preguntas:

- ¿Le hago saber que es alguien importante?
- ¿Algunas veces me pongo en su lugar para comprenderlo mejor?

- ¿Conozco sus necesidades?
- ¿Tomo tiempo para escuchar lo que quiere decirme?
- ¿Lo ayudo a expresar sus sentimientos?
- ¿Lo ayudo a identificar sus cualidades?
- ¿Lo estimulo a enfrentar sus dificultades?
- ¿Le pido su opinión en asuntos que lo involucran?
- ¿Tomo en cuenta sus preferencias y gustos?
- ¿Le dedico tiempo de calidad?

Capítulo II
Tratar a su hijo con consideración
y respeto

Conocer a su hijo es aceptarlo tal como es, reconocer sus cualidades teniendo en cuenta sus límites. Conocerlo realmente es estar atento a sus necesidades, reconocer sus deseos y sentimientos. Todo esto requiere cierta capacidad de escuchar y una disponibilidad de corazón y espíritu que no siempre son fáciles de tener.

Entre el ideal y la realidad, a veces hay un mundo de por medio. Su hijo es un ser único que pide ser tratado con consideración y respeto, pero también es necesario respetar las necesidades propias y organizar la vida familiar para que la confianza y la seguridad reinen por el bienestar de todos. En suma, hay que poner en práctica una disciplina justa y democrática que tenga en cuenta la edad del niño y los valores que uno quiere transmitirle.

Inducir buenas conductas, tener por obvias las que deben serlo, desanimar los comportamientos malos haciendo que el niño asuma las consecuencias de sus actos, buscar estrategias de resolución de problemas antes que ir a una confrontación, negociar sin apoyar la argumentación excesiva, y permitir la expresión de emociones en un contexto aceptable, conforman la esencia de la disciplina.

El respeto pasa tanto por las palabras como por los actos. Nada es más difícil de superar que el sarcasmo o la denigración: "¡Nunca entiendes nada, pero si esto es muy fácil!" Los efectos de las críticas constantes se manifiestan en corto, mediano y largo plazo. Al inicio, el niño finge indiferencia, después miente, se esconde y corta todo contacto. A la larga, se autocritica frecuentemente y se vuelve tímido y deprimido o provocador y opositor.

Por qué no decirle de vez en cuando a su hijo unas palabras de apreciación, por ejemplo: "Te admiro porque aún cuando encuentras difíciles tus tareas de la escuela, siempre las haces"; "me he dado cuenta de lo amable que eres con tu hermanita."

Todos queremos que nuestros hijos sean autónomos y responsables. Para lograrlo, hay que crear un contexto que favorezca su desarrollo y evitar el estrés inútil anticipando los cambios ineludibles y permitiéndoles tomar las decisiones acordes con ellos. Darles responsabilidades los hace valorarse, siempre y cuando éstas sean razonables. Debemos asegurarnos de que las responsabilidades que les confiamos favorecen su autoestima.

Tratar a su hijo con consideración es tener en cuenta todo lo que él es. Respetarlo es crear un clima placentero y de confianza, y preservar su orgullo.

Me respeto y respeto a mi hijo

Quienes se respetan a sí mismos tienden a respetar a los demás. Así, los padres que han aprendido a cuidarse a sí mismos tienen más facilidad para respetar a sus hijos y enseñarles a respetar a los demás.

Respetar las necesidades personales es tomar un poco de tiempo para consentirse, tener diversiones, amigos íntimos, ser positivo consigo mismo, negarse a ser ridiculizado, no permitir que le digan palabras hirientes o que le den golpes.

Como padre, su hijo le hace experimentar toda una gama de sentimientos: alegría, enojo, miedo, tristeza, impotencia, soledad, amor, generosidad, duda, poder, orgullo, nerviosismo. De acuerdo con las circunstancias, según su temperamento y educación, usted expresa estos sentimientos sin o casi sin reservas, o bien, los reprime y los deja bajo una frialdad total.

Pregúntese cuáles emociones (enojo, satisfacción, etcétera) y cuáles acciones (regañar, animar, etcétera) expresa frente a las siguientes conductas de su hijo:

- Pedir dinero.
- Desear acostarse más tarde.
- Llorar.
- Llevar a casa una mala nota escolar.
- Ensuciarse.
- Pelearse con alguien.
- Llevar a casa una buena nota escolar.
- Llegar tarde.
- Esconder la verdad.
- Abrazarle.
- Querer hacerle un favor.
- No querer comer.
- Hacer eternas sus tareas y lecciones.

Reconozco los derechos de mi hijo

La Convención de los Derechos de los Niños de la ONU estipula que un niño o niña tiene el derecho a:

- Ser respetado:
  el derecho a una identidad propia, a una nacionalidad, al respeto de su integridad, valores y cultura.

- Ser amado y protegido por su familia:
  el derecho a vivir en familia, que su familia
  sea protegida de la miseria y las condiciones de vida difíciles, de las separaciones no
  deseadas (sobre todo en caso de conflictos
  armados).

- Vivir en condiciones de bienestar:
  el derecho a tener condiciones de vida
  sanas, que no amenacen su salud, y que
  favorezcan su desarrollo (alimentación,
  casa, vestido, etcétera).

- Beneficiarse con los servicios de salud:
  el derecho a los servicios de salud (preventi-
  vos y curativos), el derecho a un entorno sano
  y a formas de vida salubres, el derecho a cuidados y servicios especiales en caso de una situación particular (problema de salud o discapacidad) capaz de impedir su desarrollo.

- Ser protegido de toda forma de violencia,
  explotación o discriminación:
  el derecho a ser protegido de los malos tra-
  tos que podría recibir, así sea por los
  miembros de su familia, de los castigos físicos, el aprisionamiento, la detención o
  cualquier forma injustificada de privación
  de su libertad, de la explotación (económica, sexual, etcétera).

- Ser instruido y desarrollarse:
  el derecho a la educación primaria gratuita y obligatoria, el derecho a tener acceso a la educación secundaria, y el derecho a diferentes formas de ayuda para lograrlo.

- Jugar y descansar:
  el derecho a tener actividades deportivas y de esparcimiento, el derecho al descanso, el derecho a participar en actividades culturales.

- Pensar y expresarse:
  el derecho a pensar libremente, a dar a conocer sus opiniones bajo un ambiente seguro, ya sea solo o en grupo.

- Ser consultado en todos los asuntos que le conciernan.

Su hijo posee estos derechos, pero usted también tiene los suyos. Así es, todo ser humano tiene derechos fundamentales, y los de los padres son similares a los de los niños. Los padres tienen derecho a ser respetados y amados; a vivir en condiciones de bienestar y de tener recursos para acudir a los servicios para preservar su salud; a tener diversiones y vida de pareja satisfactoria. Los hijos y los padres deben aprender a respetar sus derechos mutuos.

Para ayudarlo a conciliar los derechos de todos los miembros de la familia, le sugerimos lo siguiente:

- Definir claramente los derechos de cada uno.
- Reunir a la familia para decir sus derechos.
- Escuchar todas las formas de hacer respetar estos derechos.

Doy seguridad a mi hijo

Es muy importante que su hijo cuente con usted, es decir, que lo perciba como una persona fiable. Concretamente, significa:

- Mantener las promesas hechas.
- Tener un estado de ánimo constante.
- Ejercer una disciplina que no esté influida por sus estados de ánimo.
- Estar disponible cuando la escuela solicite su presencia o ayuda.
- Estar seguro de las decisiones que toma.
- Terminar lo que comienza a hacer.
- No cambiar de idea fácilmente.
- Perseverar en sus decisiones a pesar de las dificultades.

Si usted descubre que es un padre fiable, ¡felicidades! Si no está totalmente satisfecho con su nivel de fiabilidad, examine aquello que lo hace inestable y realice acciones que mejoren la situación.

Las siguientes son algunas actitudes que ayudan a los niños a sentirse en confianza:

- Limitar el número de promesas y cumplirlas que se han hecho.
- No proponer tomar decisiones sobre asuntos o situaciones que usted no esté dispuesto a aceptar.
- No dejarse influir por los estados de ánimo cuando hay que tomar decisiones importantes relacionadas con su hijo.
- Tomar tiempo para pensar antes de reaccionar ante alguna conducta de su hijo.

Hay reglas de seguridad física que respetar por la seguridad de su hijo. Se puede garantizar que un niño está seguro en todas las circunstancias previendo situaciones, así también se le da la capacidad de enfrentar peligros posibles (¿qué debes hacer en caso de incendio?, ¿cuando se derrama el agua del lavabo?, etcétera). La seguridad afectiva de su hijo también es valiosa. Es importante prepararlo para los cambios que usted planee en su rutina, por ejemplo, al momento de levantarse o acostarse, al hacer las tareas escolares, en las comidas, y prever los acontecimientos que su familia puede vivir en los siguientes meses (separación de los padres, cambio de casa, cambio de escuela, muerte de alguno de los abuelos, desempleo de algún pariente, hospitalizaciones, visita al dentista, viaje de los padres, etcétera). Los cambios generan momentos de estrés que hay que considerar.

El estrés en los niños*	
CAUSA DE ESTRÉS	PUNTOS
Muerte de los padres	100
Divorcio de los padres	73
Separación de los padres	65
Uno de los padres tiene que viajar por su empleo	63
Muerte de un familiar cercano	63
Enfermedad o accidente del niño	53
Uno de los padres se vuelve a casar	50
Los padres se reconcilian	45
La madre trabaja fuera de casa	45
Enfermedad o recuperación de la salud de un miembro de la familia	44
Embarazo de la madre	40
Problemas escolares	39
Nacimiento de un hermano o una hermana	39
Cambio de la situación económica familiar	38
Enfermedad o accidente de un amigo cercano	37
Cambio de actividades extraescolares	36

*Adaptado de David Elkind, *L'efant stressé: celui qui grandit trop vite et trop tôt,* Éd. del Homme, Montreal, 1983.

Cambio en la frecuencia de peleas entre hermanos	35
Amenazas de violencia en la escuela	31
Robo de objetos personales	30
Cambio de responsabilidades en la casa	29
Un hermano o una hermana mayor dejan la casa	29
Problemas con los abuelos	29
Tener un logro excepcional	28
Cambio de casa en la misma ciudad	26
Recibir o extraviar una mascota	25
Cambio de hábitos personales	24
Problemas con un maestro o maestra	24
Cambio de horario de niñera o guardería	20
Cambio de casa	20
Cambio de hábitos de juego	19
Vacaciones familiares	19
Cambio de amigos	18
Frecuentar un campamento de vacaciones	17
Cambio de hábitos para dormir	16
Variaciones en la cantidad de reuniones familiares	15
Cambio de tiempo frente a la televisión	13
Fiesta de cumpleaños	12
Castigo por no haber dicho la verdad	11

Piense en las situaciones que ha superado su hijo durante los últimos seis meses, si el total de puntos de éstas sobrepasa los 300, hay muchas probabilidades de que haya una alteración importante en su salud o conducta. Si obtuvo menos de 150 puntos, su hijo está en la puntuación promedio, y si tiene entre 150 y 300 puntos, puede presentar algunos síntomas de estrés.

Las actividades físicas (caminatas, paseos, etcétera), de relajación (masaje, tranquilidad, y otras más) y las creativas (dibujo, títeres, etcétera) sirven para disminuir el estrés de los niños. Este ejercicio de visualización puede ayudar a relajar al pequeño: propóngale cerrar los ojos, luego guíelo a hacer lo siguiente:

"Acuéstate (en la cama, el sofá o la alfombra). Escoge un lugar que te gusta y en el que te sientas bien y tranquilo. Estiras los brazos y las piernas como un gato, bostezas si quieres. Ahora te sientes suave, muy suave. Tu cabeza está suave, tu cuello, los hombros, los brazos y el estómago están muy relajados. Tus piernas y pies están muy suaves. Ahora vas a imaginar un viaje. Imagina que estás en un campo de flores, hace un calor agradable. Las flores son de todos los colores y huelen bien. Hay unos pájaros cantando. Tú te acuestas en la hierba y sientes la tierra suave y cálida bajo tu espalda. Una mariposa se acerca a ti, es muy linda; es una mariposa mágica que habla. Te pregunta si quieres ser su amigo, convertirte en una mariposa ligera. Le dices que sí y te vuelves una bella mariposa de colores. Quieres volar, pero tus alas están pesadas. Las observas y te das cuenta de que tienes una bolsita atada a ti. Miras dentro de la bolsa: está llena de todas las preocupaciones del día. Están las riñas que tuviste con tus amigos y con tus papás, tus malas calificaciones, en fin, todas tus penas están ahí. Decides deshacerte de esa bolsa y sacudes las alas. La bolsa se cae enseguida, cuando toca el suelo se acaban tus problemas. Ahora estás libre para volar. Aprovechas para encontrarte con tu amiga mariposa y te diviertes dando volteretas y jugando en el aire. ¡Te sientes tan bien sin problemas! Finalmente, regresas al suelo y te conviertes otra vez en niño, pero sigues sintiéndote muy ligero por dentro. Le dices adiós a tu amiga mariposa y abres lentamente los ojos."

Este ejercicio permite que su hijo produzca imágenes que lo tranquilizan. Al relajar su cuerpo, las imágenes lo ubican en un clima de seguridad y liberan sus tensiones.

Pongo límites a mi hijo

Para el buen funcionamiento de una familia siempre se necesitan reglas, éstas dan seguridad al niño. Los reglamentos deben ser establecidos de acuerdo con la edad del pequeño, y deben corresponder ante todo a sus necesidades. El reglamento de un hogar se formula en función de las conductas que los padres exigen a sus hijos.

Las investigaciones han demostrado que un niño que está en la edad de la educación primaria puede asumir cinco reglas a la vez. Al planear estas cinco reglas, hay que reflexionar bien sobre los valores que se transmitirán con éstas, y hacerlo de manera positiva, es decir, que todo lo que reciba el inconsciente lo haga de manera positiva. Por ejemplo, cuando uno escucha: "¡No pienses en tu madre!", no podrá evitar hacerlo. Entonces, si usted le dice a su hijo: "Mateo, no le jales los cabellos a Natalia", adivine en lo que va a pensar Mateo. Por eso es muy importante decir lo que uno quiere que el niño haga, no lo que no quiere que haga.

También hay que reflexionar sobre las formas en que uno decide dar a conocer las reglas al pequeño, el momento que se ponen en práctica y la manera de hacerlo. Después de ejecutarlas, hay que poner atención en las dificultades que hubo, los objetivos planeados y las reacciones del niño.

Tras haber establecido los reglamentos, hay que asegurarse de que serán respetados. Para lograrlo, es preferible que los adultos de la casa se pongan de acuerdo y prevean las consecuencias positivas y negativas que tendrá la aplicación de cada regla. El consenso de los padres ayuda mucho al respeto del reglamento del hogar.

Métodos prácticos

Una *tabla de refuerzo* le permitirá lograr el buen comportamiento de su hijo de 5 a 9 años, la cual tiene por objetivo cambiar o adquirir una conducta.

Tabla de refuerzo

CONDUCTA	LUNES	MARTES	MIÉRCOLES	JUEVES	VIERNES	SÁBADO	DOMINGO
Ejemplo: Lavarme los dientes. (Se pide una conducta fácil de adoptar que el niño ya ha adquirido.)							
Ejemplo: Voy a comer cuando me llaman. (Se pide una conducta menos fácil de adoptar que el niño ha cumplido frecuentemente.)							
Ejemplo: Me como toda la comida. (Se pide una conducta difícil de adoptar, pero el padre o la madre da un plazo y propone etapas.)							

Se puede dar un premio o un privilegio (acostarse más tarde, por ejemplo) si los esfuerzos del pequeño lo conducen al resultado esperado. Se puede definir un número de marcas buenas como requisito para que el niño obtenga en esa semana su recompensa o privilegio. Por ejemplo, para la primera semana se pueden establecer 10 o 14 marcas buenas, e incrementar la cantidad para la siguiente.

Cada noche, los padres pueden revisar la tabla junto con su hijo. Éste puede elegir como marcas algunas calcomanías y tendrá el placer de pegarlas en las casillas que correspondan a sus logros (al menos tendrá una, porque la primera conducta es una ya adquirida). El niño que tenga dos marcas de tres puede pegar una marca especial en esa columna, bajo el nombre del día que corresponda.

Los que tienen entre 6 y 7 años pueden recibir una recompensa previamente prometida al final del día. Como es lógico, quien tiene tres marcas recibe un reconocimiento más importante que aquel que sólo tiene dos. A los mayores, la recompensa puede dárseles el fin de semana, y debe ser proporcional al número de marcas, es decir, de logros. El premio debe estar relacionado con la conducta premiada y no debe ser material.

¡Cuidado! Las tablas de refuerzo no son para "comprar" a los niños, sirven para destacar el orgullo de verlos esforzarse por mejorar. Estas tablas son concretas como los niños. Refuerzan la imagen positiva del pequeño y ayudan a los padres a ver sus progresos.

Las tablas deben hacerse para cubrir tres o cuatro semanas, luego hay que modificarlas para que no pierdan eficacia. De cualquier forma, son sólo temporales, son un tipo de detonantes porque sirven para subrayar las cualidades del niño, no para demostrar de lo que no es capaz.

Recuerde:

- El objetivo debe ser alcanzable.
- La tabla debe animar al niño a ser mejor, y no debe convertirse en causa de discusiones.
- Cuando una conducta está bien integrada, se vuelve un hábito.

Con los niños de más de 9 años, se pueden cambiar las calcomanías por un contrato sencillo, por ejemplo, un *Contrato familiar de quehaceres domésticos.*

Contrato familiar de quehaceres domésticos			
Miembro de la familia	Quehacer	Motivación prevista	Consecuencias previstas
_____	_____	_____	_____
_____	_____	_____	_____
_____	_____	_____	_____

Algunas veces es preferible ignorar las conductas irritantes de los niños (por ejemplo que su hijo, una vez acostado, le haga varias peticiones bajo diferentes pretextos para que vaya a su habitación, etcétera) si no implican algún peligro. Así, buscarán formas más positivas de llamar la atención.

Todas las acciones tienen una consecuencia inevitable sobre nosotros mismos o sobre los demás. Un niño debe aprender a asumir las consecuencias de sus actos. Para hacerlo reflexionar, los padres pueden mostrarle cuáles son las consecuencias naturales o lógicas de un mal comportamiento.

Una consecuencia *natural* está directamente ligada a una acción determinada. Así, el niño que tira su vaso de leche tendrá que limpiar el derrame.

Una consecuencia es *lógica* cuando está hecha conforme al buen sentido y es razonable. Por ejemplo, el niño que llega tarde a merendar pierde su privilegio de salir después de la comida.

La consecuencia debe asociarse inmediatamente con la conducta negativa. Hay que explicarla brevemente al pequeño y no olvidar que lo que nos disgusta es el comportamiento, no el niño.

Trato a mi hijo con consideración

Es importante encontrar un momento del día sólo para escuchar a su hijo. Esto significa dispo-

ner del tiempo para sentarse con él y escuchar lo
que tenga que decir sin juzgarlo ni regañarlo.

Las palabras tienen un impacto muy grande
en la autoestima de un niño, por eso hay que
poner atención en la forma en que uno le habla:

- Usar palabras de amor y frases sencillas y
  tiernas para apoyarlo.
- Dar señales de afecto.
- No utilizar palabras o gestos que puedan
  herirlo.

Usted debe saber que...

- Los niños se sienten seguros cuando se les
  fijan límites.
- Los reglamentos son necesarios para el
  buen funcionamiento de todo grupo social,
  incluyendo la familia.
- Las reglas deben establecerse en función
  de la edad de los niños. Ante todo, hay que
  tener en cuenta sus necesidades.
- Después de establecer los reglamentos, es
  importante que los adultos de la casa prevean las consecuencias que conllevan, sean
  positivas o negativas. También hay que asegurarse de que las reglas sean respetadas
  y que cada quien asuma las consecuencias
  de sus actos.
- Los padres son los primeros modelos de sus
  hijos.

- Una relación cariñosa es la base de toda disciplina.
- En los periodos difíciles, el niño debe constatar que el amor de sus padres no ha aminorado, así aprende a mantener la confianza en sí mismo a pesar de las dificultades que enfrente en la vida.
- Más que elogiarlo a él, apreciar sus esfuerzos lo hace sentir mejor valuado.
- En *Le défi de l'enfant*, R. Dreikurs dice que "la motivación es el aspecto más importante en la educación de los niños, a tal grado que su ausencia puede considerarse como la causa principal de la mala conducta. Un niño que se conduce mal es un niño desmotivado".
- Las investigaciones han constatado que los padres que son capaces de reconocer las emociones de sus hijos, y de incitarlos a tener una visión más positiva de ellos mismos, previenen los problemas de comportamiento.

 ¿Tiene buenas actitudes con su hijo? Verifíquelo respondiendo las siguientes preguntas:

- ¿Respeto las necesidades de mi hijo?
- ¿Le hablo con respeto?
- ¿Le pido su opinión frecuentemente?

- ¿Me prohíbo usar palabras hirientes cuando le hablo?
- ¿Tomo en cuenta sus decisiones?
- ¿Evito discutir o intimidarlo delante de sus amigos?
- ¿Trato de no criticarlo inútilmente?
- ¿Le impongo reglas claras?
- ¿Estimulo la buena conducta?
- ¿Afianzo su seguridad física y afectiva?

Capítulo III
Integrar a su hijo a la familia,
a un grupo y a la sociedad

Su hijo tiene la necesidad fundamental de relacionarse con los demás, de encontrarse con los otros. Esta necesidad aumenta en la medida que crece y descubre el mundo que lo rodea. Gracias al amor que usted le da, se siente reconocido, aceptado, tratado con consideración y, a su tiempo, será capaz de amar a las otras personas. Si usted pone atención a su hijo y le da su lugar justo, se sentirá realmente integrado al grupo familiar y desarrollará los sentimientos de seguridad y confianza que son necesarios para estar con los demás.

El sentimiento de pertenencia se adquiere en el seno de la familia, en la importancia de la cohesión familiar, la creación de lazos estrechos entre sus miembros, los hilos que entretejen la historia familiar, las tradiciones a las que se adhiere, los proyectos comunes y la ayuda mutua.

En el contexto familiar es donde el niño inicia su vida de grupo. Supera su egocentrismo y logra tener presente a los demás con el apoyo y compañía de su familia. Aprende a comunicarse, defender su opinión, respetar las reglas establecidas, asumir responsabilidades y compartir. Para un niño, las relaciones entre hermanos son, en este sentido, una ocasión privilegiada para resolver conflictos de rivalidad y competencia. Gracias a una vida familiar armoniosa, su hijo logrará gradualmente desarrollar en su relación con los otros una capacidad de empatía así como un sentido de equidad y reciprocidad. Aprenderá más fácilmente lo que es la amistad si usted lo anima.

Es importante permitir a su hijo vivir diversas experiencias fuera de casa. Con amigos, en grupos de entretenimiento y haciendo labores voluntarias, descubrirá el placer de sentirse útil y apreciado, y estará orgulloso de sí mismo. Todo esto mejorará su autoestima.

Mi hijo tiene relaciones familiares sólidas

Las relaciones familiares estrechas se construyen a lo largo de la vida: están en el centro de nuestro pasado y de nuestros recuerdos, conforman la esencia del presente y de las actividades que realizamos y se insertan fuertemente en nuestros proyectos futuros.

Con la ayuda de su álbum fotográfico, usted puede repasar con su hijo cada una de las etapas de su vida familiar. Es primordial que el niño conozca su historia y la de sus padres, aun cuando ahora sea parte de una familia que tiene sólo al padre o sólo a la madre, o tenga una familia reconstituida. Al hacer esta actividad, intente provocar reacciones emotivas en su hijo (alegría, miedo, enojo, tristeza). No haga juicios de las emociones de su hijo, acéptelas como son.

Si usted tiene un álbum fotográfico con el tema "Mis primeras fotografías" o "Mi bebé", obsérvelo junto con él y comente su nacimiento y su desarrollo detallando los aspectos positivos. Si no tiene un álbum de este tipo, apóyese en su memoria.

Para ayudarle a tejer relaciones familiares firmes, debe elegir con su hijo actividades familiares agradables para todos y vigilar que cada uno tenga una tarea en la realización de cada actividad.

Con el fin de crear lazos entre los miembros de la familia, es importante estimular a su hijo a participar en la organización de ciertos proyectos familiares. Sabemos que hoy en día es difícil planear reuniones familiares cotidianas, pero hay que procurarlas porque son necesarias para la cohesión familiar. Tenga como prioridad reunir a la familia al menos tres veces por semana, tome en cuenta la edad y ocupaciones de sus hijos. Estas reuniones deben propiciar el diálogo y la tranquilidad. Evidentemente, la hora de hacer los deberes escolares no es la mejor para estos encuentros, pero, por ejemplo, el tiempo después

El árbol genealógico de su hijo

LÍNEA PATERNA

LÍNEA MATERNA

Abuelo

Abuela

Abuelo

Abuela

Padre

Tío

Tía

Hermano

Hermana

Madre

Tío

Tía

Hijo

Compañera

Segunda unión

Compañero

Segunda unión

de bañarse representa la ocasión para leer un cuento o reír juntos. El placer es esencial en esta actividad.

 De acuerdo con el listado siguiente, haga un balance de los proyectos familiares concebidos y realizados durante el último año.

- Cambio de casa.
- Festejos (cumpleaños, navidad, etcétera).
- Viajes.
- Integración de alguna persona a la familia (pareja, abuelo, hijo adoptivo, etcétera).
- Vacaciones.
- Compras planeadas para la familia.
- Entretenimiento (día de campo, paseos, etcétera).
- Proyectos colectivos (torneos, labores sociales, etcétera)
- Actividades deportivas.

Ayudo a mi hijo a integrarse a un grupo

El cargo que uno ocupa en la familia y los papeles asociados a éste (líder, víctima, consolador, chivo expiatorio, modelo, consejero, protector, sostén, negociador, etcétera) influyen en la manera de reaccionar como padres ante los conflictos que los hijos tienen entre ellos.

La relación fraternal permite que los niños aprendan a socializar.

Si usted tiene varios hijos

Puede proponerles organizar una actividad familiar (un juego, una obra teatral, una comida especial...).
Para ayudarlos, explíqueles que su proyecto debe:

* Ser acordado por todos.
* Ser fácil de realizar.
* Permitir que todos participen.

He aquí otras formas de apoyar la armonía entre hermanos.

EN EL MOMENTO EN QUE UN
CONFLICTO ESTALLE ENTRE SUS HIJOS

Deténgalos y dígales: "Veo que hay un problema entre ustedes, ¿qué pasa?" Deje que cada uno explique la situación, después pídales que juntos busquen una solución. Dígales que va a dejarlos a solas y que regresará en cinco minutos para conocer el acuerdo al que llegaron. Si el conflicto está resuelto cuando usted regrese, felicítelos. Si el pleito continúa o se agranda, sepárelos y, si es el caso, confisque el objeto que causó la discordia sin decir una sola palabra.

Trate a cada uno de sus hijos como un ser diferente

Muchos padres quieren evitar a toda costa las rivalidades entre sus hijos y establecen una justicia igualitaria y sin falla, entonces:

- Cuando compran un suéter a uno, lo hacen también para el otro.
- Cuando le dan una recompensa a uno por sus buenos resultados escolares, se la dan también al otro.
- Acuestan a todos los niños a la misma hora, aunque uno tenga 9 años y el otro 4.

La justicia distributiva es más difícil de administrar, pero tiene la ventaja de reconocer que todos los hijos son queridos por lo que son y en función de sus necesidades y personalidades respectivas.

Imponga reglas claras para la vida en común

Los niños aprenden la vida en común por imitación. Si los padres cooperan, comparten las tareas, dialogan y saben mantenerse firmes, ayudarán a sus hijos a respetar a los otros miembros de la familia.

Recompense la armonía

Cuando los niños están tranquilos, los padres tienden a caminar de puntitas con tal de no romper ese momento mágico, pero cuando están inquietos, intervienen de forma inmediata. Con esto, los niños aprenden que deben estar inquietos para obtener atención. Cuando los niños se encuentren bien, señale su bienestar poniendo en evidencia los puntos positivos.

Si usted tiene sólo un hijo

Como este es el caso de cada vez más familias, es importante que su hijo aprenda a tener relaciones sociales y, con ello, relaciones significativas con otros niños y niñas. Obsérvelo e intente encontrar los medios que su hijo ha desarrollado para no sentirse tan aislado. Asegúrese de que tenga amigos cercanos y de que los frecuente y, de manera general, que conviva con otros niños, que coopere con ellos y aprenda a compartir.

La manera en la que usted se comporta sirve de ejemplo a su hijo. Su forma de ser o de comportarse en sociedad influye directamente en la vida social de su pequeño.

 Piense en su vida social haciéndose las siguientes preguntas:

- ¿Me aíslo de la demás gente?
- ¿Deseo dirigir el grupo de personas con las que me encuentro?
- ¿Me mezclo fácilmente con los otros?
- ¿Me siento rechazado por los demás?

- ¿Estoy presente pero a disgusto?
- ¿Me da placer participar con los demás?
- ¿Me siento incómodo?
- ¿Soy apreciado?
- ¿Tengo el lugar del líder, del mediador, de consejero, de chivo expiatorio, de bufón, etcétera?

A veces es difícil reconocer que nuestro hijo tiene una percepción de los otros diferente de la nuestra. Lo que decimos de los demás —amigos, vecinos o profesores— impulsa o retarda la inserción social del niño.

Una buena forma de ayudar al niño a desarrollar un sentimiento de pertenencia es permitirle participar en actividades con otros niños, animarlo a formar parte de un grupo, y hablar de sus experiencias.

Algunas veces constatará que su hijo tiene algunos problemas para vivir en grupo. Las causas pueden ser múltiples: dificultad de afirmarse, timidez, problemas para compartir, agresividad, no saber perder o negociar, necesidad de decidirlo todo, pasividad, etcétera. Usted no tiene el poder de cambiar rápidamente esta situación, pero le corresponde ayudarlo a desarrollar sus habilidades sociales.

Es importante conocer el grado de agresividad de su hijo cuando está con otros niños, se puede calificar de la siguiente forma:

Bajo
Su hijo es del tipo víctima:

- no es agresivo;
- continuamente es el blanco de agresión de otros;
- teme el contacto físico;
- duda fácilmente de sí mismo;
- tiene miedo al rechazo;
- no sostiene sus opiniones;
- no se defiende ante injusticias;
- tiene temor de tomar iniciativas.

Moderado
Su hijo es del tipo afirmativo:

- tiene suficiente confianza en sí mismo;
- es capaz de defenderse;
- no busca peleas sin razón;
- no se deja manipular por los otros;
- es capaz de soportar una confrontación;
- puede tomar iniciativas;
- se integra bien con los otros niños;
- protesta cuando hay alguna injusticia.

Alto
Su hijo es del tipo agresor:

- tiene una confianza exagerada en sí mismo;
- desata peleas continuamente;

- se siente rápidamente amenazado por los demás;
- tiene necesidad de dominar a los otros;
- le gusta la violencia;
- busca cómo intimidar a los otros;
- manifiesta poca sensibilidad con los demás;
- es impulsivo.

Los niños que muestran mucha agresividad son incapaces de establecer relaciones amistosas, expresar sus sentimientos o dar a conocer sus necesidades. Son poco sensibles a las reacciones de los demás.

Los niños que tienen muy poca agresividad tienen también dificultades para afirmarse adecuadamente. Temen a la confrontación, sufren inseguridad en sus relaciones sociales y tienden a ser pasivos y sumisos.

Usted debe ayudar a su hijo a conocer mejor sus sentimientos. Esto le permitirá comprender algunas de sus reacciones con los demás. Debe aprender a afirmarse adecuadamente.

Ayudo a mi hijo a ser generoso

La generosidad es el impulso que nos lleva a ayudar, a compartir lo que uno posee, a complacer y perdonar. Es la base de una liga más estrecha con los otros.

En el adulto, la generosidad puede traducirse por el hecho de hacer favores a los demás (familiares, vecinos, comunidad, amigos), de ser benéfico, etcétera. Es importante tener al corriente de estas actividades al niño; es una forma de enseñarle a hacer favores, a compartir y a ser generoso.

Los niños no son generosos por naturaleza, deben pasar de una visión egocéntrica del mundo a una visión altruista. Los siguientes son signos particulares de egocentrismo en los niños:

- su atención está centrada en su propio punto de vista y sus percepciones inmediatas;
- tiene dificultades para percibir y considerar las necesidades o los puntos de vista de los otros;
- tiende a culpar a los otros o a las circunstancias de sus propios errores;
- su pensamiento es rígido, es decir, tiene problemas para balancear o poner en duda sus opiniones;
- tiende a juzgar a partir de un solo aspecto de la realidad;
- hace generalizaciones a partir de un solo elemento o de una sola percepción;
- no se da cuenta de sus propias contradicciones;
- tiene comportamientos sociales estereotipados;

- no hace ninguna corrección de su conducta o sus actos;
- sólo usa una forma de hacer frente a las dificultades.

Por consecuencia, es muy importante desarrollar en su hijo la empatía, es decir, la capacidad de considerar a los otros, de ponerse en su lugar, y el altruismo, esto es la capacidad de actuar generosamente con los demás.
El verdadero altruismo implica:

- para ser capaz de dar, hay que haber recibido;
- dar sin que esto implique un resentimiento, un vacío o un sentimiento de impotencia;
- saber dar es también saber pedir;
- dar no significa olvidarse de uno, pero sí pensar en el otro;
- hay que tener cuidado, pues dar puede volverse para ciertos niños un medio de "comprar" amigos. Se debe ser estimado por lo que uno es, no por lo que uno tiene.

Usted debe saber que...

- Los niños que desarrollan con sus padres un lazo pleno de seguridad son más hábiles en sus relaciones sociales y más capaces de afirmarse.

- Una representación negativa de sí mismo y de los otros está frecuentemente asociada con una inadaptación social y una posición negativa en el grupo al que pertenece.
- Las investigaciones han establecido que los niños con alguna discapacidad física desarrollan una mejor autoestima cuando están en contacto frecuente con niños sin discapacidades.
- "Echamos nuestras primeras y más fuertes raíces en el terreno de la familia y la casa; éstas nos fijarán a la vida, reforzarán nuestra seguridad y nos permitirán afrontar con éxito las adversidades." Bruno Bettelheim.
- "El amor es indispensable para la permanencia y crecimiento de los niños porque adquieren el sentido de pertenencia: pertenecer primero a ellos mismos, luego a su familia, a su medio y, en fin, al universo entero." Wayne W. Dyer.
- La imagen que el niño se hace de sí mismo condiciona en gran parte su adhesión a un grupo.
- "Los niños tienen la necesidad vital de aprender a medirse con otros niños, de experimentar las pruebas y errores que son parte de las amistades que nacen." Ellen Peck.
- "Es a través de las luchas fraternales (físicas o verbales) que hermanos y hermanas

aprenden las virtudes del afecto y la comprensión de los demás." R. Bélanger.

Entre los 7 y los 12 años, la influencia de los padres no es suficiente para hacer que el niño adquiera el sentido de la cooperación, de la reciprocidad, y para que aprenda a asumir responsabilidades ante los suyos.

 ¿Tiene buenas actitudes con su hijo? Verifíquelo respondiendo a las siguientes preguntas:

- ¿Tengo tiempo de hablar con mi hijo de su historia familiar?
- ¿Lo apego a las tradiciones familiares?
- ¿Lo incluyo en nuestros proyectos familiares?
- ¿Le doy una retroalimentación positiva por su participación en la vida familiar?
- ¿Le procuro un sostén para ayudarlo a resolver los problemas con sus hermanos?
- ¿Le enseño a compartir?
- ¿Lo animo a tener amigos?
- ¿Le enseño la generosidad?
- ¿Lo estimulo a hacer favores a los demás?

Capítulo IV
Haga que su hijo tenga éxitos

Un niño que sobresale en la escuela muestra orgullosamente sus calificaciones, pero lo que le da orgullo sobre todo es la reacción de quienes están a su alrededor. Así, cuando su profesor lo felicita, él se siente muy valuado. Si sus padres le expresan abiertamente su orgullo y lo recompensan, él se va literalmente a las nubes. El bienestar que siente es proporcional al placer que ha causado en aquellos que ama.

Esta sensación de orgullo interior puede venir también después de un partido de futbol o de un recital de danza, no sólo después de presentar su boleta de calificaciones. Sirve un poco como cojín protector contra los fracasos que sobrevienen inevitablemente en su vida.

Si un niño no puede experimentar éxitos constantes, al menos debe tenerlos de vez en cuando. También hay que saber que entre más dificultades enfrente un niño en algún campo, más éxitos debe cultivar en otro. Esto es dramático porque hay niños, por ejemplo, que tienen problemas de aprendizaje, y por ello no encuentran otros talentos en ellos mismos.

¿Cómo puede un niño con unos padres decepcionados de él arriesgarse a decepcionarlos de nuevo? ¿No es normal que se trate él mismo con severidad si su entorno lo juzga severamente? ¿Qué cosa peor puede pasarle sino dejar de intentar por miedo al fracaso? En estas condiciones, ¿puede cambiar la opinión negativa que tiene de sí mismo o no estar convencido de su valor ínfimo?

Usted puede animar a su hijo a tomar riesgos, a intentar varias veces y a cambiar de estrategia; en otras palabras, guiarlo hacia el éxito. Incluso los fracasos pueden percibirse como lecciones de vida, como obstáculos que vencer. Si ayuda a su hijo a diversificar sus intereses y a buscar sus propios talentos, lo llevará a probar su creatividad y le permitirá tener la apertura de espíritu que necesitará para conseguir sus metas.

Procuro la independencia de mi hijo

Es importante procurar la autonomía de su hijo cuidando sus actitudes. Aquí le presentamos algunas actitudes positivas que usted podría adoptar:

- Dejar que él solo asuma la mayor parte de sus tareas cotidianas.

- Hacerlo participar en los quehaceres del hogar.
- Darle responsabilidades en la casa.
- Mostrar confianza en su capacidad de organizarse solo.
- Pedirle algunas veces que se conduzca solo y decirle que es capaz de hacerlo.
- Ponerle algunos retos.

Por el contrario, hay otras actitudes que aminoran la autonomía de un niño:

- Sobreprotegerlo.
- Repetirle constantemente las órdenes.
- Querer que él tenga siempre la palabra.
- Supervisar constantemente las actividades grupales en las que participa.
- Acompañarlo a sus actividades extraescolares.
- Tener dificultades para dejarlo conducirse a su manera.
- Pretender resolver usted mismo los problemas que haya entre sus hijos.
- Estar inquieto si él está lejos.
- Asistir frecuentemente a la escuela para intentar resolver sus problemas con los compañeros o de aprendizaje.
- Ser más estricto que la mayoría de los padres de los amigos de su hijo.

Independencia

Si toma algunos momentos para observar a su hijo, tendrá una idea clara de su autonomía. En seguida le presentamos algunos elementos para guiarlo en su evaluación:

En la casa:

- Se cepilla los dientes.
- Se ocupa de su higiene personal.
- Tiende su cama.
- Recoge la mesa.
- Participa en los quehaceres domésticos.
- Asume sus responsabilidades.
- En mi ausencia, puede arreglárselas solo.
- Busca las cosas que necesita.
- Algunas veces puede ocuparse de alguien más pequeño.
- Cuida sus mascotas.
- Acepta fácilmente que lo cuiden.
- Ofrece su ayuda.
- Pide ayuda si la necesita.

En los pasatiempos:

- Toma la iniciativa para llamar a sus amigos.
- Tiene buenas ideas para entretenerse.
- Propone juegos a sus amigos.
- Encuentra los medios para no aburrirse.

- Siempre intenta hacer algo nuevo.
- Es capaz de defender su propuesta ante un grupo.
- Es seguro de sí.
- Puede defenderse.

En la escuela:

- Toma la iniciativa para hacer sus tareas.
- Si la necesita, pide ayuda.
- Hace preguntas en clase.
- Pide ayuda sólo después que ha intentado encontrar una solución.
- Tiene sus propias ideas y las expresa cuando tiene que cumplir algún proyecto escolar.
- Va solo a la escuela.
- Trabaja solo en su escritorio.
- Termina sus trabajos a tiempo.

En general, es difícil proteger a su hijo y dejarlo desenvolverse solo para estimular su independencia; en este sentido, se pueden mencionar tres tipos de padres:

Tipo 1. Sobreprotectores

María y Pablo tienen un hijo de 6 años que se llama Bruno. Están inquietos porque Bruno es activo y curioso, y temen que se lastime, que no apruebe un examen o que sufra por algún problema que pueda tener con sus amigos. Lo vigilan muy de cerca y, la mayor parte de las veces, resuelven los problemas por él.

Deben dejar que el niño tome algunas iniciativas.

Tipo 2. Consentidores

Antonio y Valeria tienen tres hijos, de 7, 9 y 12 años. Piensan que es muy importante que sus hijos tengan sus propias experiencias, así que intervienen muy poco para guiarlos.

El niño toma iniciativas, pero no siempre son constructivas.

Tipo 3. Capaces de poner
límites respetando la independencia

Julia y Félix tienen dos niñas, una de 5 y otra de 10 años, a quienes quieren inculcarles el sentido de responsabilidad. Las pequeñas deben cumplir varias tareas, por lo que tienen que organizarse solas mientras sus padres estén ocupados.

Las niñas prueban su autonomía en un ambiente seguro.

Siempre hay que recordar que un niño se vuelve tenso y ansioso si:

1) Nunca tiene oportunidad de elegir.

2) Debe elegir siempre.

Las opciones que uno ofrece al niño deben ser realistas y tener en cuenta su edad. Para un niño, ejercer la libertad consiste en tomar decisiones dentro de los límites que sus padres le ponen, por ejemplo, un niño de 6 años puede elegir hacer sus tareas escolares antes o después de comer, pero no puede decidir no hacerlas.

La elección de actividades extraescolares

Es necesario determinar los criterios bajo los que su hijo pueda elegir una o varias actividades extraescolares:

- Su capacidad económica.
- Su disponibilidad de tiempo.
- Lo que dicha actividad exige de usted.
- Lo que la actividad requiera de su hijo.

Una vez hecho esto, usted debe explicar al niño lo que implica la elección de cada una de las actividades sugeridas. Luego, cuando la decisión esté tomada, hay que asumirla, lo cual quiere decir que habrá que vencer algunos obstáculos, perseverar y hacer frente al éxito o al fracaso.

Usted debe apoyar a su hijo en este proceso, pero no hacer las cosas por él.

Estimular la autonomía de su hijo es dejarlo ejercer su libertad sin sobreprotegerlo. A continuación sabrá qué actitudes indican protección, y qué otras, sobreprotección.

La edad de la razón (6 a 8 años)

Protección

- Vigilar estrechamente las tareas y lecciones escolares.
- Elegir cuidadosamente la niñera o la guardería del pequeño.
- Permitir que el niño o la niña elijan su ropa.
- Prohibirle ciertos programas televisivos.
- Prohibirle atravesar una calle con mucho tránsito.

Sobreprotección

- Impedir que vaya a jugar a casa de sus amigos.
- Exigir que coma todo lo que hay en el plato.
- Negarse a que se divierta con alguna pistola de juguete.
- Prohibirle salir a jugar al patio.
- Negarse a salir por no dejarlo bajo el cuidado de alguien más.

La edad de los reglamentos (8 a 10 años)

Protección

- Elegir cuidadosamente a su niñera.
- Negarse a que juegue con un niño que ha hecho cosas malas.
- Imponer reglas para los paseos en bicicleta.
- Establecer un ritmo de vida estable.
- Prevenirlo de posibles peligros.

Sobreprotección
- Ayudarle a hacer sus tareas escolares y aprender sus lecciones.
- Mandarlo a dormir a la misma hora que su hermano más pequeño.
- Prohibirle los dulces.
- Elegir a sus amigos.

LA EDAD DE LOS HÉROES (10 A 12 AÑOS)
Protección
- Dejar que conteste el teléfono.
- Prevenirlo de abusos sexuales.
- Exigir que diga a dónde va a jugar.
- Enseñarle a cocinar platillos fáciles.

Sobreprotección
- No dejarlo solo ni 15 minutos.
- Prohibirle ver programas televisivos donde haya violencia.
- Negarse a que duerma en casa de algún amigo.
- No dejarlo ir a algún campamento o excursión.
- No pedirle nunca un favor.

Animo a mi hijo a superar retos

Para tener el placer de vencer algún reto —algo que los niños disfrutan frecuentemente—, su hijo debe aceptar que hay límites, que puede cometer errores y equivocarse algunas veces. Debe dedicar tiempo a su objetivo antes de alcanzarlo. También debe aprender que hay que volver a empezar varias veces, y debe tener el coraje para mantenerse firme y tomar riesgos.

Por su parte, cuando vea que su hijo está frente a un reto acorde a su edad (tomar el autobús solo, hacer una presentación frente a sus compañeros de clase, disculparse con alguien, etcétera), es importante que actúe para reforzar la confianza en sí mismo, ya sea apoyándolo, aconsejándolo, protegiéndolo o advirtiéndole lo que pueda pasar.

En primer lugar, debe ayudar a su hijo a fijarse metas realistas. Para ello, debe hacerle ver que sus objetivos deben responder a ciertos criterios.

Una meta debe ser...

- *concebible:* estar claramente definida y tener etapas precisas por las que hay que pasar para llegar a ella.
- *creíble:* estar ligada a un sistema personal de valores por los que se tenga la certidumbre de lograrla.
- *realizable:* estar al alcance de la fuerza, habilidades y capacidades de quien la emprende.
- *controlable:* poder obtener la colaboración de alguien más si nos parece necesario.

- *mesurable:* tener una medida en tiempo y energía necesarios.
- *deseable:* tener un deseo verdadero de llegar a ella.
- *clara:* estar bien definida, sin ambigüedades.
- *constructiva:* permitir un crecimiento personal y servir a otros.

En resumen, una meta debe ser simple, limitada en el tiempo y realizable por etapas.

Puede ser que en este momento su hijo o hija enfrente algún problema, por ejemplo, que tenga dificultades para compartir sus juguetes o para hacer amigos. Ofrézcale su ayuda para resolver el problema. Antes de abordar un problema más complejo, es preferible entrenar con uno simple.

A propósito de lo anterior, muchos autores han demostrado la importancia de un procedimiento coherente para resolver los problemas. Los niños que aprenden un procedimiento tienen más confianza en sí mismos y se sienten más competentes.

Las etapas generales para la solución de un problema son las siguientes:*

1. *Identificar el problema.* Su hijo debe poder expresar su frustración y su forma de

---

*Inspirado en GORDON, Thomas, *Parents eficaces,* Montreal, Éditions du Jour, 1960.

ver el problema, lo cual le permitirá delimitarlo y planear sus objetivos.

2. *Buscar soluciones posibles.* Haga con su hijo un listado de soluciones posibles, no juzgue lo que él proponga.
3. *Elegir una solución.* Ayude a su hijo a elegir una solución adecuada y útil.
4. *Poner en marcha la solución.* Anime a su hijo a actuar en función de la decisión tomada.
5. *Evaluar los resultados.* Si la solución resuelve el problema, felicite al niño, si no, busquen otra solución.

Para lograr lo anterior, no basta ponerse una meta y superarla una vez, hay que perseverar. Si se toma un tiempo para observar a su hijo, sabrá si es perseverante.

Perseverar es...

- Terminar lo que uno empieza.
- Buscar espontáneamente una solución a los problemas.
- No vencerse fácilmente ante un obstáculo.
- Percibirse positivamente cuando uno se compara con otros.
- Aceptar espontáneamente hacer un favor a alguien.

> - No distraerse fácilmente cuando se está realizando alguna tarea.
> - Acoplarse cuando sus ideas sean rechazadas.
> - Ser paciente aun cuando el resultado tarde en llegar.
> - Ser capaz de realizar por etapas lo que uno se propone.
> - Confiar en las propias capacidades.

Probablemente usted concluirá que tiene un niño o niña perseverante y que usted tiene la ventaja de serlo también, pero no olvide que su hijo necesita su apoyo. También es posible que constate que la perseverancia escasea en su hijo o que él es incapaz de ser perseverante, entonces deberá buscar los medios para ayudarlo, para desarrollar estrategias que le ayuden a serlo.

Si usted mismo intenta ser perseverante, si no abandona fácilmente las cosas, su hijo lo imitará.

Destaco los progresos de mi hijo

El cumplir las tareas de las que somos responsables exige hacer esfuerzos. ¿Qué puede descubrir cuando observa los ánimos de su hijo?

EN LA CASA, el niño...
- Se levanta de buen humor.

- Se viste a tiempo.
- Come bien.
- Hace las tareas que se le piden.
- Se acuesta a la hora acordada.
- Regresa a tiempo.

Durante las tareas escolares, el niño...
- Hace sus deberes y lecciones en el momento preciso.
- Cumple con sus deberes y lecciones en el plazo acordado.
- Llega a casa con todos sus útiles escolares.
- Mejora sus calificaciones en cada periodo.

En los pasatiempos, el niño...
- Se dirige a sus amigos.
- Deja a sus amigos cuando hace falta.
- Comparte.
- Se reconcilia después de una discusión.
- Se afirma.

Lo mejor es recordar los momentos en los que su hijo se empeña, no aquellos en los que él no hace ningún esfuerzo. Felicítelo y estimúlelo a seguir.

También hay que distinguir bien el esfuerzo del resultado. Si usted subraya sobre todo el empeño, ayuda a que su hijo mantenga el sentimiento de orgullo que se necesita para triunfar en algo. Cuando él tenga un fracaso o esté frente a un obstáculo, revise con él los métodos que ha utilizado para conseguir su meta. Ayúdele a ver en dónde está su error y anímelo a aplicar otra estrategia.

Cuando su hijo triunfa, desarrolla una mayor confianza en sí mismo y puede arriesgarse a buscar nuevas soluciones a sus problemas. Pero no olvide que siempre requiere el apoyo y los estímulos de sus padres; necesita ser guiado.

Un ejercicio para hacer con su hijo o hija

Esta noche, a la hora de acostarse, en un ambiente cálido y tranquilo, retome con su hijo los acontecimientos del día. Resalte principalmente lo que le agrada de su conducta. Exprese su orgullo, su amor y la certeza de que mañana será un gran día para ambos.

Aproveche esta misma semana un momento de paz con su hijo (un paseo en bicicleta, una sobremesa) para destacar los progresos que ha hecho últimamente. No hable de los resultados, sólo de los progresos. Dígale, por ejemplo, que le parece que ha mejorado mucho en cierto aspecto. Añada: "Es muy bueno por ti. De mi parte, me di cuenta que puedo despreocuparme de ello".

En suma, recuerde lo siguiente:

- No basta con impulsar sus esfuerzos, también hay que mantenerlos.
- El placer es compatible con el esfuerzo.
- Hay que dejar que el niño tenga iniciativa. Su hijo es muy sensible a sus reacciones cuando decide correr riesgos.
- Uno no puede tomar el lugar del niño.
- Estimular a su hijo es darle esperanzas para el futuro.
- Entre más pequeño es el niño, más necesita apoyo concreto e inmediato.

Estimulo los talentos de mi hijo

Un niño tiene intereses particulares y talentos en alguno de los siguientes campos: artístico, deportivo, intelectual, social, cultural. A usted le corresponde empujarlo a explotar sus talentos, a descubrir otros nuevos y a desarrollar otros intereses.

Asimismo, usted está en la mejor posición para procurar que su hijo tenga una actitud abierta:

- Haciendo que descubra lugares nuevos.
- Dándole ocasión de probar alimentos distintos.
- Animándolo a conocer muchos tipos de personas.
- Subrayando positivamente las diferencias entre las personas.

- Estimulando su imaginación.
- Ayudándole a pensar ideas nuevas.
- Sugiriéndole actividades nuevas.
- Teniendo pocos prejuicios.
- Permitiéndole cambiar de parecer.
- Desalentando la crítica negativa.

Si usted intenta ser flexible y abierto, su hijo procurará serlo, no dude proponerle actividades nuevas. Lo desconocido está, en sí, cargado de inseguridad. Una buena forma de disminuir esta inseguridad consiste en tratar de visualizar varias soluciones. A los niños les gusta identificarse con los personajes de los cuentos. Contarles una historia ofrece una ocasión privilegiada para estimular su imaginación y enseñarle cosas nuevas. A continuación le presentamos una historia que podrá contar a su hijo o hija para que busque tres formas de concluirla.

Había una vez un niño que se llamaba Pipo y una niña llamada Pina, ambos estaban de vacaciones en el bosque con sus padres. Una mañana decidieron ir a explorar los alrededores para encontrar el lugar mágico en donde vivían los duendes. Emprendieron el camino y se internaron rápidamente en el bosque. A lo lejos, vieron una cabaña abandonada y se dirigieron hacia ella. Llegaron a un riachuelo en el que encontraron a un hombre con su hijo, también vieron algunos conejos y una comadreja. De un momento a otro, renunciaron a seguir buscando el lugar mágico de los duendes y decidieron regresar con sus padres. Caminaron varias horas y llegaron a un claro del bosque sin saber qué dirección tomar. pipo y Pina acordaron planear juntos la manera de salir de ahí, entonces...

Las actitudes que hay que cultivar

- La flexibilidad es un signo muy certero de salud mental.
- La flexibilidad no significa debilidad o incapacidad de decisión.
- Quien tiene una actitud abierta es capaz de enfrentar lo desconocido.
- Afrontar riesgos permite abrir los límites personales.

Cada niño nace con un potencial creativo. Es curioso, inventivo e imaginativo de manera natural. Sin embargo, para que mantenga ese potencial, debemos ofrecerle un entorno adecuado que estimule sus capacidades creadoras. A continuación le presentamos una lista de actitudes que usted puede adoptar para estimular la expresión artística de su hijo.

- Permitirle organizar un espectáculo, inventar un juego o una historia.

- Darle la posibilidad de explorar el mundo y no darle demasiados juguetes.
- En la medida de lo posible, dejarlo descubrir las cosas por sí mismo.
- Disponer de un espacio propicio para que pueda ejercitar su creatividad, descansar y pensar.
- Recordar siempre que un niño creativo se ensucia muy seguido.

Protejo el orgullo de mi hijo

El orgullo corresponde a la necesidad que tenemos de que nuestro amor propio sea respetado. Nos sentimos orgullosos cuando estamos satisfechos de cumplir un trabajo, cuando tenemos el coraje de superar un reto y, en general, cuando nos superamos.

Un padre que tiene el orgullo lastimado tendrá dificultades para valorar a su hijo. Igualmente llega a suceder que algún fracaso del niño hiera el orgullo de su padre. De ahí la necesidad de compartir los sentimientos, aunque no sea fácil, pues es necesario mantener la buena autoestima del niño.

En relación con los sentimientos de su hijo, pregúntele si alguna vez lo ha decepcionado, si hay algo que limite su confianza, o si cree que usted es digno de ella. Este ejercicio de discriminación le permitirá recodar claramente cuándo y cómo se ha sentido orgulloso de su hijo, y expresarle su orgullo. Para lograrlo, pregúntele qué es lo que le enorgullece de sí mismo en, por ejemplo, las tareas que hace en la casa, en sus relaciones amistosas, en su trabajo escolar y en sus metas personales.

Es normal conmoverse ante los éxitos o los fracasos de nuestros hijos, pero siempre hay que proteger su orgullo. Esto no significa que hay que aceptar todo de ellos, quiere decir que debemos transmitir nuestros mensajes de manera positiva.

Ayudo a mi hijo a ver el futuro con optimismo

¿Conoce el efecto Pigmalión? En la mitología griega, Pigmalión esculpe una bella mujer de marfil y se enamora de ella. Se llama efecto Pigmalión a que una persona se sienta obligada a corresponder a la imagen que se tiene de ella. Así, si uno presupone que su hijo tendrá dificultades en la escuela, y si uno hace esas suposiciones frente a él de manera continua, habrá muchas posibilidades de que así sea. En efecto, es como si nuestro miedo y nuestro convencimiento de tal situación se instalaran en él, y éste sólo pudiera actuar en consecuencia.

Cuando hablemos a nuestro hijo de su futuro, debemos ser optimistas. Cuando nos expresemos delante de él, debemos enfatizar los puntos fuertes, las cualidades que lo caracterizan y que le ayudarán a enfrentar los problemas.

Como padres, se tienen inquietudes que a veces están justificadas, pero otras no. Cuando usted hable de crisis o de obstáculos a vencer, mencione también una o dos posibles soluciones.

Los padres influyen fuertemente en los hábitos verbales de los niños. Las siguientes son ejemplos de afirmaciones que traducen diferentes formas de ver la vida y, de alguna manera, el futuro también.

AFIRMACIONES POSITIVAS
- Puedo hacerlo.
- Voy a jugar a casa de mi amiga, ¡será muy divertido!
- Soy bueno jugando con el balón.
- Soy hábil en la bicicleta.
- Me prometiste que lo haría yo solo.

AFIRMACIONES NEUTRAS
- ¿Cómo se hace esto?
- Me gusta jugar con mi amigo.
- Tengo un balón bonito.
- Mamá, mira, estoy en lo más alto del árbol.
- ¿Me dejas hacerlo a mí primero?

- No puedo.
- Creo que mi amigo no querrá jugar conmigo.
- No sé jugar con el balón.
- Mamá, ya no quiero la bicicleta porque siempre me caigo.
- Papá, ¿puedes hacerlo por mí?, ¡es muy difícil!

Usted podría proponerse firmemente ayudar a su hijo a expresarse positivamente de sí mismo, y afirmarse de la misma forma. Las afirmaciones negativas son juicios de incompetencia. Pero llorar, enojarse, decepcionarse, avergonzarse o estar inquieto, y manifestarlo, no es afirmarse negativamente, es expresarse sinceramente.

Usted debe saber que...

- El sentimiento de ser aceptado y respetado, el tener límites claramente definidos, el superar retos razonables, y desarrollar mecanismos de defensa adecuados para afrontar la adversidad, son hechos que favorecen el desarrollo de la autoestima.
- "Hay varias formas de estimular. Cuando mantenemos una concepción personal valiosa y de confianza acerca del niño, lo estimulamos. Halagarlo no sirve de nada. La primera cuestión que debe venir a nues-

tro espíritu es la de saber si nuestro método lo ayudará a desarrollar su autoestima". R. Dreikurs.

- Un niño necesita siempre el apoyo de sus padres, tenga pocos o muchos logros.
- Un niño con una buena autoestima confía en su capacidad para resolver problemas. También conoce sus límites y puede pedir ayuda si la necesita.
- Las investigaciones han demostrado que un niño con buena autoestima tiene un mejor rendimiento escolar.
- Los padres que tienen una actitud positiva permiten que su hijo supere desafíos acordes a él.
- El pensamiento tiene un efecto sobre el comportamiento. Un niño que se dice capaz tiene más oportunidades de lograr lo que se propone, a diferencia de uno que se diga incapaz.

 ¿Tiene buenas actitudes con su hijo? Verifíquelo respondiendo las siguientes preguntas:

- ¿Espero cosas realistas de mi hijo?
- ¿Le digo el orgullo que tengo de él?
- ¿Le doy independencia con responsabilidades acordes a su edad?
- ¿Evito sobreprotegerlo?

- ¿Confío en él cuando emprende una actividad nueva?
- ¿Le pongo algunos retos?
- ¿Le enseño estrategias que le ayudarán a superar sus metas?
- ¿Lo ayudo a desarrollar sus talentos?
- ¿Estimulo su creatividad?

Conclusión

Sin duda, su deseo más grande es lograr la educación de su hijo. Para ayudarlo a llegar a su meta, le propusimos un camino que le permitirá comprender mejor lo que pasa en su relación con él. Sus actitudes y conductas influyen directamente en el desarrollo de la autoestima del niño. Por ello es primordial procurar diariamente las condiciones favorables para su crecimiento y superación personal.

Conocer y reconocer a su hijo significa ser receptivo de todo lo que hace y dice, es tomarse el tiempo para observarlo, reconocer sus cualidades y capacidades, darle importancia y una buena retroalimentación, y consagrarle tiempo de calidad. En este intercambio puede nacer un diálogo verdadero en el que padre e hijo se sientan reconocidos.

Tratarlo con respeto y consideración quiere decir, de entrada, respetarse a sí mismo. Significa que usted lleve un tipo de vida que tenga en cuenta las necesidades particulares de su hijo sin olvidar las propias. Es saber poner límites adecuados y proponer una disciplina en la que los fines estén claramente expresados. También implica responder a las necesidades de su hijo sin sobreprotegerlo, y dejar que nazca en él esta especie de energía que lo llevará a moverse por la vida. En fin, significa respetar las palabras y los gestos del niño.

Integrarlo a la familia, a un grupo y a la sociedad es enseñarlo a ser abierto con los otros, ayudándolo a desarrollar su confianza, su valor personal, y a aceptar ideas y actitudes diferentes sin sentirse amenazado. Significa hacerlo capaz de comprometerse poniéndose en el lugar de los otros y ayudándolos.

Guiarlo a tener logros es enseñarle a fijarse metas realistas y emprender actividades nuevas y enriquecedoras. Es llevarlo a desarrollar un buen juicio, incitar su independencia y su creatividad, y acompañarlo en el camino.

Los padres podemos desarrollar la autoestima de nuestros hijos trabajando en la construcción de la nuestra. Los padres de hoy día han roto con el pasado, no tienen modelos, y esto genera un sentimiento de incompetencia que muchos experimentan actualmente. Buscamos ser buenos padres. Estamos cada vez más conscientes del impacto que nuestros actos tienen en nuestros hijos, y nos sentimos muy culpables. Y todo esto afecta nuestra espontaneidad y confianza en nuestra inteligencia e intuición.

Ser un padre competente o "aceptable", como bien ha dicho Bruno Bettelheim, requiere toda una vida. Los niños invocan constantemente nuestras debilidades y límites. También nos hacen retomar fuerzas y buscar recursos de paciencia, tolerancia y amor. ¡Hay que contar con ello!

LA AUTOESTIMA DE NUESTROS HIJOS*

La mejor herencia que uno puede dejar a sus hijos es la de haberles ayudado a desarrollar su autoestima. La conciencia de su valor personal constituye, en efecto, un tesoro del que el niño siempre podrá servirse para afrontar las inevitables dificultades de la vida.

Toda persona debe usar sus cualidades para superar las pruebas de la vida. ¡Pero es necesario saber cuáles son éstas! Consideramos, pues, que la primer tarea de los padres y profesores consiste en ayudar a que los niños tomen conciencia de sus recursos y capacidades.

La autoestima es una protección contra la depresión y las dificultades de adaptación y aprendizaje. Se construye sobre la base de las relaciones estrechas y de complicidad que cada uno vive, y que son las que permiten que la autoestima se mantenga en el tiempo. Al crecer, el niño

---

*Tomado de Duclos, Germain y Danielle Laporte, *Du côté des enfants,* vol. III, Montreal, Éditions de l'Hôpital Sainte-Juste, 1995.

podrá estimular la autoestima de otras personas porque se apoyará en la propia. La autoestima es el regalo más bello que uno puede transmitir de una generación a otra.

¿Qué es la autoestima?

Cada individuo se forma una idea de sí mismo y se forja, con sus experiencias, una imagen propia que varía considerablemente. Hay investigaciones recientes que demuestran que este autorretrato cambia a lo largo de la vida y que continúa modificándose incluso después de los 80 años.

La autoestima es el valor positivo que uno se reconoce como individuo, tanto de manera global como en cada una de las áreas importantes de la vida. Uno puede tener una buena autoestima como trabajador, pero una imagen muy pobre de sí como padre o como pareja.

No se nace con una imagen predeterminada. Los niños aprenden a verse primero en los ojos de las personas que son importantes para ellos: sus padres, hermanos, hermanas, profesores y amigos.

Cuando es bebé, el niño percibe que uno responde a su llanto y lo mima; construye interiormente un sentimiento de importancia. Cuando tiene 2 años, se opone o solicita hacer elecciones; construye el sentimiento interno de ser capaz. Hacia los 4 años, cuando se pavonea como diciendo "¡Mira qué bonita (o guapo) soy!", y uno reconoce su valor como niño o niña, construye el sentimiento de ser suficientemente interesante para tomar su lugar. A los 6 años, cuando se interesa por conocimientos más intelectuales y uno destaca sus capacidades reales, construye el sentimiento de ser competente.

La autoestima es esa pequeña flama que hace brillar la mirada cuando uno está orgulloso de sí mismo. ¡Pero esta flama puede vacilar fácilmente o apagarse si se expone al ventarrón de los sarcasmos y las críticas!

Inspirar un sentimiento de confianza

La confianza es una actitud fundamental en la vida. Nos permite tranquilizarnos, crear un estado de calma y bienestar para poder ver la vida con optimismo. Esta actitud básica no está siempre presente a lo largo de la vida, se construye gradualmente con el paso de los años, las relaciones estrechas y las experiencias significativas. Tanto en los adultos como en los niños, el sentimiento de confianza varía a lo largo de la vida; tiene avances súbitos y regresiones temporales. Notemos que la parte central de la autoestima está constituida por relaciones estrechas que generan el sentimiento de confianza.

Todo adulto y todo niño que se siente querido de manera permanente, aunque sea por una sola persona, se percibe como una persona amable y un ser que tiene valor propio. ¡Cuando este sentimiento tranquilizante es llevado al interior, todo es posible! Así es, uno puede decir: "Fui amado por esta persona, de ahora en adelante puedo ser amado por otros". Esta es la confianza que se genera con el optimismo.

En la casa y en la escuela, esta confianza sólo se establece si el niño siente seguridad física y psicológica. En la pirámide de las necesidades esenciales elaborada por Abraham Maslow, la necesidad de seguridad ocupa el segundo lugar, antecedida por las de sobrevivencia (alimentación, vestido, alojamiento, etcétera). Cada ser humano dedica mucha energía a cubrir esta necesidad de seguridad.

El niño prueba un sentimiento de seguridad cuando tiene una vida estable en el tiempo, el espacio y, sobre todo, cuando las personas que son importantes para él están presentes en forma continua. Así, en la escuela, las actividades deben realizarse de acuerdo con horarios regulares y en los mismos espacios de siempre. En la casa, en la medida de lo posible, se debe establecer y respetar la rutina de una vida estable (comidas, horas de levantarse, horas de dormir). Los niños, sobre todo los más pequeños, desarrollarán un sentimiento de inseguridad si hay muchos cambios de casa o si se tienen cambios importantes y frecuentes en la familia.

A lo largo del año escolar, la inestabilidad de los profesores crea inseguridad en una buena parte de los niños. Lo mismo sucede si los padres tienen una jornada laboral variable y una disponibilidad inconstante, o cambian de niñera varias veces.

Para tener autodisciplina

Desde los primeros meses de vida, el niño aprende gradualmente a dominar su entorno físico y humano. A lo largo de sus exploraciones, debe ser protegido de los peligros, y debe aprender a conocer los límites de su medio. Es esencial que distinga las conductas que están permitidas y las que están prohibidas en su entorno. Debe aprender, a veces a duras penas, a regular y adaptar su comportamiento en función de la realidad que le rodea. Esta autodisciplina se adquiere durante el periodo que ocupan la infancia y la adolescencia.

Es completamente normal que un niño funcione bajo el principio del placer, y es natural que intente manipular al adulto para obtener lo que quiere. Lo que es menos normal es que el adulto lo permita o se deje atrapar. Una situación así revela que hay problemas en el adulto. Un niño no puede dirigir su comportamiento si no ha tenido antes un control externo ejercido por los adultos. Al paso de los años, hemos constatado que los niños que sufren más inseguridad son quienes recibieron una actitud condescendiente o de indiferencia. Es importante que el niño se sienta protegido contra los peligros físicos y psicológicos, tanto en la casa como en la escuela. Si siente que no existe esta protección, empleará mucha energía para mantener una posición defensiva que le ayude a alejar los peligros, y no dispondrá de esta energía para sus relaciones positivas con los demás, o para su aprendizaje.

Reglas de conducta

Sea en la escuela o en la casa, es importante que los adultos elaboren reglamentos de conducta. Éstos, que son necesarios para llevar al niño a interiorizar una autodisciplina y un sentimiento de seguridad, deben contener cierto número de características.

Las reglas deben ser *claras*, pues conducen los valores educativos (respeto a sí mismo, a los otros o al entorno) que uno quiere transmitir a los niños. Los padres y los profesores deben precisar los valores que consideran importantes para la educación del niño, y que éste se sienta identificado con ellos.

Las reglas deben ser *concretas,* es decir, estar establecidas en función de acciones que uno quiere ver realizadas. Así, es más preciso pedir a un niño que acomode su ropa en los cajones, que decirle que haga la limpieza de su habitación. En la escuela, el respeto al entorno debe expresarse con una orden concreta como, por ejemplo, la de tirar los papeles en el cesto de basura.

Las reglas deben ser *constantes* y su aplicación no debe variar según el estado anímico del adulto, lo cual presenta dificultades para padres y profesores. Por esta razón y otras más, es importante no tener tantas reglas establecidas (las investigaciones han determinado que los niños pueden asimilar cinco reglas a la vez). La constancia y la consistencia toman un sentido positivo cuando el adulto no pierde de vista los valores que quiere transmitir. Sin embargo, consistencia no significa rigidez. Se puede, por ejemplo, suspender excepcionalmente una regla tras un acontecimiento especial, pero debe hacerse entender al niño que se trata de un privilegio y que la regla continuará en vigor. La constancia tranquiliza mucho a los niños pues les permite percibir a los adultos como seres dignos de confianza.

Las reglas deben ser *consecuentes*. Los niños tienen, en grados diversos, propensión a transgredir las reglas. Entonces, es importante que asuman las consecuencias lógicas de su conducta. Estas consecuencias deben estar estrechamente ligadas a la acción reprobable. Pongamos por ejemplo el caso de un niño que agrede física o verbalmente a un compañero. Uno puede decidir que, para reparar su falta, debe hacerle un favor al niño que agredió. En el caso de un alumno que daña a su grupo por su conducta, deberá asumir alguna tarea que ayude al grupo.

Las reglas deben ser *congruentes*. Sí, es esencial que el adulto predique con el ejemplo y que actúe en función de los valores que quiere transmitir. Es una gran prueba de credibilidad que inspira confianza.

El sentimiento de confianza parte de la seguridad en la que se basa la relación, y se consolida cuando los adultos sostienen sus promesas. El niño puede tolerar un plazo entre su deseo y la satisfacción de éste cuando ha constatado que los adultos mantienen sus promesas y que obtendrá lo prometido. Los adultos son percibidos como seres fiables, seguros y dignos de confianza. Bajo esta condición el niño interioriza la confianza que le dará esperanza en el futuro.

El sentimiento de confianza que se manifiesta en el niño por estados de calma, de bienestar y optimismo es, de alguna manera, el resultado de un contagio. Sí, los padres deben tener confianza en ellos mismos antes de poder transmitirla a sus hijos. Desde este punto de vista, los padres y los profesores deben aprender a controlar su estrés y reducir sus dudas en cuanto a sus capacidades educativas si quieren transmitir un sentimiento de seguridad y de confianza a los niños. En otras palabras, primero deben ocuparse de ellos mismos para que los jóvenes puedan aprovecharlos.

Reconocer el valor de cada uno

"Si usted le da forma a ese que lleva dentro, él lo salvará. Si no, lo destruirá", dice Hammadi.

Los adultos, padres y profesores, esperan muchas cosas de los niños y seguido están decepcionados si ellos no cumplen sus expectativas. ¿Por qué damos tanta importancia a los resultados y por qué vigilamos con lupa el desarrollo de los niños? ¿Es porque son nuestra esperanza de poder recomenzar y tener éxito en todo? Hay que tener cuidado con esta actitud. Los hijos se parecen a nosotros, pero también son diferentes. No siempre tenemos la capacidad suficiente para retroceder y verlos tal como son.

Un niño quiere, ante todo, sentirse amado y está dispuesto a hacer bien las cosas para ello, incluso a renegar de su propia naturaleza. Pero hay que saber también que es imposible sentirse bien consigo si no se es uno mismo. El niño que no está nunca satisfecho de sí, que se critica, que destruye sus dibujos, que entra en pánico si no obtiene la calificación más alta en la escuela, cree, en el fondo de sí mismo, que sólo puede ser amado si es perfecto. Es posible que los adultos que lo rodean no expresan claramente esta exigencia, pero son perfeccionistas e intransigentes con ellos mismos y con los demás. El niño concluye entonces que está siempre fuera de lo que uno espera secretamente de él, y puede desarrollar síntomas ligados al estrés (dolor de estómago, de cabeza, insomnio, etcétera) y, sobre todo, sentimientos depresivos.

También existe el tipo de niño que tiene una autoestima pobre. Es de quien nadie espera nada ni desea nada para él, y siempre está de sobra. ¡Qué difícil saber que uno está ahí cuando nadie lo "ve" realmente! Este niño se dice: "no vale la pena esforzarse, ser amable o hábil en algo porque no vale la pena que alguien se ocupe de mí". La mayor parte de los niños se encuentra entre los dos extremos que acabamos de describir y buscan constantemente definirse basándose en las reacciones que uno tiene ante ellos.

¡Y saber que uno constituye la historia de una vida! ¡Y que esta historia comienza desde la más tierna infancia! Mire bien a su hijo o alumno. Escoja el niño o la niña que le preocupe más y descríbaselo a otro adulto hablando sólo de sus cualidades. ¿Puede reconocerle tres o cuatro cualidades? Es posible que este ejercicio se vuelva difícil y que usted constate que los defectos o problemas del niño son los primeros que llegan a su mente.

Subrayar los valores personales

Nuestra educación hace énfasis en el pecado, en las omisiones y en las culpas. Nos ha dejado reacciones que ya están bien enraizadas y que generan frases como las siguientes: "¡Todavía no camina y ya tiene un año! ¡No sabe el abecedario a pesar de que lo ha estudiado meses enteros! ¡Siempre está de mal humor! ¡Nunca ordena su habitación!" Los "siempre" y los "nunca" son palabras que hay que eliminar porque nos atan de manos, nos hacen incapaces y nos impiden cambiar.

Todos amamos a nuestros hijos y alumnos, pero no siempre nos tomamos un tiempo para observarlos tal como son, y preferimos ver lo que hacen. Hay que tomar el tiempo para observar al niño o al alumno y buscar sus puntos fuertes en las siguientes áreas: física (fuerza, agilidad, resistencia, etcétera), intelectual (curiosidad, buen juicio, memoria, razonamiento, etcétera), social (facilidad para hacer amigos, capacidad de compartir, de afirmarse, etcétera), y personal (generosidad, originalidad, imaginación, etcétera). Frecuentemente nos limitamos a uno o dos campos porque son los que más valoramos, pero no son necesariamente los que describen mejor al niño que nos ocupa.

No basta tener conciencia de las cualidades del niño, ¡también hay que resaltarlas! Tome unos minutos por la noche, antes de dormir, o justo antes de comenzar la clase, y dígale una palabra amable que le haga comprender que usted conoce sus cualidades y que, viéndolo bien, reconoce que él es un ser único y maravilloso. Pero ponga cuidado en no deshacer inmediatamente lo que acaba de construir, omita frases como, por ejemplo: "Martín, tienes una muy linda sonrisa, pero me tendrías más contenta si fueras más amable con Sofía".

Hay palabras que son como una caricia y cosquillean en la piel, y hay otras que hieren y rasgan el alma. Es primordial hablar de manera respetuosa con los niños. Los matices con connotaciones negativas, aun cuando sean empleados sin agresividad, terminan por llenar el monólogo interior del niño dejándole la sensación de ser diferente que los demás, en el sentido de ser menos que ellos. Podemos cambiar provechosamente "Demonio" o "Monstruo" por "Tesoro" y "Corazón"...

Las críticas frecuentes, la insistencia sarcástica, los juicios incisivos equivalen casi a puñetazos en el corazón. Los "¡Dios mío, qué torpe eres, apúrate a terminar eso!", "¡No eres nada ágil, quítate de aquí!" pueden transformarse en "Parece que lo encuentras difícil de hacer, si necesitas ayuda, dímelo" o "Mañana lo intentas de nuevo, ahora te voy a enseñar algo fácil".

También es suficiente con reconocer los sentimientos del niño para inspirarle confianza en sí mismo: "¿Te disgusta cuando no lo logras en el primer intento, eh?", "¡No te gusta que tu amigo te empuje!" Cuando uno está a punto de perder la calma y los recursos, también se pueden evitar los ataques verbales hablando en primera persona, por ejemplo, en lugar de decir: "¡Otra vez olvidaste sacar la basura, no escuchas nunca cuando te lo pido!", se puede decir: "Estoy decepcionada, esperaba que la basura estuviera afuera".

Igualmente, se puede enfatizar el valor del niño mostrándole concretamente hasta qué punto uno lo aprecia y lo ama. Mimándolo, jugando con él o dándole alguna sorpresa, según lo que él prefiera. Lo importante es encontrar su manera de disfrutarlo y ser su cómplice. Para esto, hay que invertir tiempo y estar realmente con él.

Tener una buena autoestima no es creerse otra persona, al contrario, es conocerse de manera realista y saber cuáles son las cualidades y los límites que uno tiene. Los adultos que alaban el ingenio cada vez que el niño hace alguna cosa, aun si es algo malo, no le hacen ningún favor porque lo ilusionan falsamente de sí mismo, y los otros le quitaran sus ilusiones rápidamente.

Procurar la presencia de amigos y la pertenencia a un grupo

Todo ser humano es, en principio, un ser social. Cada uno necesita compañía, al menos de forma esporádica, y amigos. Hablar, reír, cantar, filosofar y estar con otras personas da satisfacción y felicidad. En la adversidad, los amigos están incondicionalmente de nuestro lado y nos protegen de la soledad. ¡Ser amado, apreciado y considerado ayuda a enfrentar bien cualquier situación! Lo que los otros nos dicen, la manera en la que nos miran y nos escuchan, en fin, la forma en la que nos consideran, nos ayuda a definirnos y nos inspira a mejorar algunas actitudes.

Desde los 2 años, el niño adora estar en compañía de otros como él, aun cuando no pueda jugar con ellos, se encanta con su presencia. Más tarde, a los 4 años, pide a gritos tener amigos. ¡El padre más paciente, más disponible y más divertido no puede ser un amigo tan maravilloso como lo es otro niño! Jalarse los cabellos, arrebatarse un juguete, aprender a negociar y a compartir es esencial para el bienestar interior de un niño.

En la edad escolar, el grupo de amigos del mismo sexo toma otro sentido. A pesar de décadas de educación dada por madres feministas, los niños tienen "asuntos de niños" y las niñas se ocupan de "asuntos de niñas". De hecho, cada uno necesita definir claramente su identidad social, y esto se hace esencialmente comparándose y practicando papeles bien identificados.

En la adolescencia, los grupos se vuelven mixtos. En este periodo de la vida, los jóvenes tienen una necesidad imperativa de pertenecer a un grupo, esto les permite distanciarse de sus padres y los ayuda a encontrar su propia identidad.

Los niños y los adolescentes que tienen problemas sociales, que no saben cómo hacer amigos o conservarlos, desarrollan una mala imagen de sí mismos en el plano social. Los estudios han mostrado que los niños que tienen dificultades para hacer amigos y que están aislados durante el primer año escolar, tienden a presentar, en la edad adulta, problemas sociales serios. Entonces es primordial conducir a los niños a desarrollar habilidades sociales desde que son muy pequeños.

La fraternidad es el primer grupo en el que se tienen intercambios, negociaciones y rivalidades. Cerca del cuarenta por ciento de los niños son hijos únicos. No conocen las penas y las alegrías de una convivencia con hermanos o hermanas, pero conocen la vida grupal en la guardería o el jardín de niños.

En contacto con padres y profesores

La actitud de los padres y los profesores tiene un impacto directo en el proceso de socialización de los jóvenes. El contacto con los adultos les enseña a estar abiertos a los otros, a aceptar las diferencias, a practicar la tolerancia y la confianza, y a resolver solos la mayor parte de los conflictos grupales; obtienen el placer de dirigirse a los demás y afirmarse positivamente. Cuando los niños usan medios impropios como la violencia y el aislamiento para adaptarse a un grupo, los adultos deben sugerirles actitudes acordes a los valores de democracia, negociación y colaboración.

Cuando se sobreprotege a un niño, se le está diciendo: "Me parece que eres incapaz de tocar música, eres muy pequeño y muy débil, por eso la haré por ti". El niño llega a pensar que siempre debe esperar soluciones que vengan del exterior y que no puede integrarse a un grupo por sí mismo.

Siempre es dañino justificar a los niños: "¡No es culpa tuya, Luisa no es amable, ya no juegues con ella!", con esto uno no les ayuda a percibirse de manera realista, a plantearse interrogantes sobre su conducta, y a buscar de forma activa otras estrategias sociales más efectivas.

Los adultos que tienen problemas para confiar en los demás, disfrutar de la compañía de un grupo o conservar a sus amistades, enfrentarán dificultades para ayudar a su hijo en la vida social. El niño aprende por imitación y por identificación con personas que son significativas para él. ¡Esta es una oportunidad que los adultos tienen para mejorar!

Enseñar la generosidad a los niños les sirve para entrar en la sociedad y desarrollar una buena imagen de sí mismos. La ayuda, la solidaridad y la compasión les hace sentirse buenos interiormente. Habituando al niño a ayudar gratuitamente de vez en cuando, se le hace tomar conciencia de las relaciones humanas y se le hace sentir la satisfacción de dar.

Desarrollar el sentimiento de competencia

Un niño no puede tener aprendizajes motrices, intelectuales y sociales si no cultiva éxitos en las cosas que emprende. Los logros consolidan las experiencias y aseguran su conservación. Conocer el éxito es una necesidad fundamental de todo ser humano. Sin embargo, uno tiene que estar consciente de sus cualidades y fortalezas y tener cierta autoestima para obtener logros y estar motivado. La autoestima es una actitud fundamental que es la base de los procesos de aprendizaje.

Si un niño está consciente de sus cualidades y habilidades, sabrá de antemano que tendrá éxito en la actividad que emprenda. Es importante que se imponga retos realistas y que el adulto le ayude a fijarse objetivos realizables, es decir, adaptados a su nivel de desarrollo y capacidades.

La motivación se define por la certeza del placer que se obtendrá de una actividad o por la utilidad que tendrá ésta. Si el niño fracasa por que su objetivo era muy elevado, no obtendrá ningún placer, estará desmotivado y bajará su autoestima. En general, los reveses no estimulan a nadie y disminuyen la autoestima. En cambio, los errores pueden ser buenos si son utilizados positivamente.

Antes de enrolarse en una actividad motivadora, y después de estar seguro de ser perseverante, el niño debe prever las etapas, las estrategias o los medios que usará para llegar a su objetivo. Es importante que los padres o profesores lo guíen en esta planificación, pero sin imponerle su forma de pensar. Para planear un trabajo, el niño debe tener cierta independencia, es decir, debe tener la capacidad de tomar decisiones y de asumir las consecuencias positivas y negativas de éstas.

El niño pondrá a prueba su perseverancia a lo largo de una actividad considerando sus errores como tales, no como fracasos. Los padres y los profesores deben hacerle saber que los errores son inevitables y que son provechosos en la medida en que nos hacen probar otras estrategias o desarrollar otras habilidades para lograr exitosamente lo planeado. Henry Ford, empresario norteamericano, decía que los errores son excelentes ocasiones para volverse más inteligente.

Por lo contrario, si los adultos están obsesionados con los resultados y olvidan la importancia del proceso por el que el niño está pasando, lo harán sentirse muy presionado. En estas condiciones, el niño considerará sus errores como verdaderos fracasos y, al final, tenderá a abandonar sus objetivos y sentirse despreciado.

Es muy importante que el niño comprenda que los resultados positivos o negativos de sus actividades no llegan por arte de magia, sino que reflejan los hechos (motivación, autonomía, etcétera) y que están directamente relacionados con las estrategias y los medios que ha empleado. También hay que hacerlo tomar conciencia de que un resultado negativo no aminora su valor propio ni su potencial. Si esto se logra, el niño se sentirá motivado y tendrá el sentimiento de poder controlar por sí mismo sus experiencias. Se volverá un experto. También hay que ayudarlo a reconocer sus errores para que los corrija e intente no repetirlos.

Centrándose en el proceso de aprendizaje, corrigiendo sus errores y ajustando sus estrategias a lo largo del camino, el niño logrará lo que se ha propuesto. Se sentirá eficiente y estará consciente de que tuvo buenas actitudes y eligió las estrategias correctas. Probará el orgullo del éxito y crecerá su autoestima. Entre más logros tenga y más eficiente se sienta, se sentirá más orgulloso de sí mismo. Sentirse competente es estar convencido de que uno puede lograr cualquier cosa que se proponga si uno opta por actitudes positivas y estrategias adecuadas. Este sentimiento llena al niño de esperanza y entusiasmo, y abre la puerta a incontables oportunidades de aprendizaje.

- Acompañar cálidamente al niño.
- Establecer pocas y claras reglas familiares y escolares.
- Hacer que los niños se den cuenta de las consecuencias negativas y positivas de romper una regla.
- Controlar los factores que causen estrés en el niño preparándolo para los cambios, procurando que no sean tantos y ayudándolo a encontrar formas de estar tranquilo.
- Ser una persona en la que se pueda confiar.
- Destacar los puntos fuertes del niño.
- Señalar sus errores cuidando su orgullo y dándole los medios para mejorar.
- Usar un lenguaje positivo.
- Estimular la expresión de los sentimientos.
- Permitir ser abierto con los demás.
- Incitar al niño a tener amigos y a resolver por sí mismo los conflictos con ellos.
- Motivarlo.
- Hacerlo entender que los resultados de sus metas son las consecuencias lógicas de las estrategias y medios empleados.
- Ayudarlo a aceptar sus errores.
- Ayudarlo a planificar y a ser perseverante para lograr sus objetivos.
- Animarlo a corregirse a sí mismo.

- Una baja autoestima de los padres o profesores.
- La disciplina inconstante.
- Lo que puede interpretarse de dos formas completamente distintas.
- La sobreprotección.
- El descuido.
- Las palabras hirientes.
- Las críticas constantes frente a familiares y amigos.
- El desgano frente a los problemas.
- Acentuar más sus puntos débiles que sus cualidades.
- Interpretar los errores como fracasos.
- Las esperanzas demasiado grandes o insignificantes.
- No disfrutar o estar en complicidad con el niño.

*Qué hacer para desarrollar la autoestima
en los niños de 6 a 12 años,* de Danielle Laporte y
Lise Sévigny, fue impreso y terminado en abril de 2012
en Encuadernaciones Maguntis, Iztapalapa,
México, D. F. Teléfono: 5640 9062.

Quarzo

Libros sencillos para gente práctica

Escuela para padres
Cómo desarrollar la autoestima en los niños de 0 a 6 años
Danielle Laporte

Desde el nacimiento y hasta los seis años, el niño se forja una imagen de sí mismo. Los padres son los únicos que tienen las herramientas necesarias para ayudarlo a desarrollar actitudes básicas que le permitan tener, poco a poco, una buena autoestima.

Los hijos crean su propia imagen observando y escuchando a sus padres, pero sobre todo viendo y sintiéndose orgullosos o decepcionados de su entorno. La autoestima es una flama pequeña que brilla en el fondo de los ojos de un niño después que mamá o papá lo halagan o le expresan su satisfacción.

¿Cómo ayudar al pequeño a sentirse seguro, a desarrollar su identidad, a aprender a vivir en sociedad, a guiarlo para obtener logros importantes? Danielle Laporte, psicóloga infantil y de relaciones entre padres e hijos, responde sus preguntas y le ayuda a seguir los progresos que el pequeño tendrá durante el desarrollo de una identidad positiva.

Made in the USA
Middletown, DE
19 November 2019